dtv

Wäre der Autor nicht Hansjakob Stehle, so könnte man direkt ins Grübeln kommen, ob das, was er in den erst kürzlich geöffneten vatikanischen Archiven fand, einem Kriminalroman entnommen ist oder dem wahren Leben. Die spannenden Geschichten handeln von Nachrichtendiensten und Überläufern, Doppelagenten in der Soutane, von Hochstaplern und Kriegsgewinnlern, Möchtegerns und Spielernaturen, Heuchlern und Helden. In 23 Episoden breitet Stehle ein faszinierendes Stück Zeitgeschichte aus, berichtet von Kaltem Krieg und heißen Nachkriegszeiten, dem naiven Versuch, Katholizismus und Kommunismus miteinander zu versöhnen, vom Papstattentat, den Capri-Liebschaften Friedrich Alfred Krupps, »Kanonenkönig« des Kaisers, und von anderen schillernden Gestalten.

Hansjakob Stehle, geboren 1927, war von 1955 – 1963 Redakteur und erster Polen-Korrespondent der ›Frankfurter Allgemeinen Zeitung‹, 1967 – 1989 Korrespondent des Westdeutschen Rundfunks in Wien und Rom; ab 1964 Mitarbeiter der ›Zeit‹ für Italien (Spezialgebiet: Vatikan) und Osteuropa. Er ist Autor mehrerer erfolgreicher Bücher zu Fragen der Zeitgeschichte.

Hansjakob Stehle

Graue Eminenzen — dunkle Existenzen

Geheimgeschichten aus vatikanischen und anderen Hinterhöfen

Deutscher Taschenbuch Verlag

Februar 2000
Deutscher Taschenbuch Verlag GmbH & Co. KG, München

ISBN 3-491-72379-5
Umschlagkonzept: Balk & Brumshagen
Umschlagfoto: © Max Galli/LOOK
Satz: Fotosatz Froitzheim AG, Bonn
Druck und Bindung: C. H. Beck'sche Buchdruckerei, Nördlingen
Gedruckt auf säurefreiem, chlorfrei gebleichtem Papier
Printed in Germany · ISBN 3-423-36172-7

Inhalt

Zur Einfühlung

»Nicht unter den Giftmischern, sondern unter den Gegengiftbereitern sah er seinen Platz . . .«

Aldous Huxley »Die Graue Eminenz«

So milde urteilte ein Autor, der schon als Unheilsprophet einer »schönen neuen Welt« berühmt geworden war, als er seine »Studie über Religion und Politik« einer historischen Figur widmete, deren Spitzname — *Eminence Grise* — zum Inbegriff aller ähnlichen dunklen Existenzen wurde: Pater Joseph, jenem Kapuzinermönch, der im 17. Jahrhundert als Geheimdienstschef des Machtpolitikers und Kardinals Richelieu viele verschlungene, nicht sehr fromme Fäden zog . . .

Immer schon bewegten sich ja Männer (und Frauen), die »Geschichte machen« (und Geschichten) nicht nur im Sonnen- und Scheinwerferlicht, sondern oft in jenem Halbdunkel, das überall, selbst auf Hintertreppen und -höfen, immer aus Licht *und* Schatten entsteht. Da spielen Berechnung wie Zufall, tragische wie komische Lebensumstände mit — zumal in diesem Jahrhundert, das wie nie zuvor durch weltweite Kriege und Katastrophen, auch moralische, erschüttert wurde.

Vor solchem Hintergrund will und kann der Titel dieses Buches nicht alle »grauen« oder »dunklen« Figuren, deren Geheimnisse aufgedeckt werden, als Finsterlinge verteufeln. Denn ihre Schar ist vielfältig und schillernd: Es sind unter ihnen Agenten des Bösen wie des Guten, Spione, Abenteurer, Verschwörer, Spieler, Hochstapler, Heuchler und Helden oder einfach Balance- und Überlebenskünstler. Ihren Spuren bin ich — als Historiker und Journalist — auf vielen, zum Teil jahrzehntelangen Forschungspfaden nachgegangen: bei eigenen Archivstudien, durch Gespräche mit

Zeitzeugen und mit Hilfe von Publikationen, deren Verfassern ich zu danken habe (in den Hinweisen nach jedem Kapitel sind diese Quellen belegt). Daß die meisten Figuren im vatikanisch-kirchlichen, italienischen oder osteuropäischen Milieu angesiedelt sind, ergab sich aus meinem Lebens- und Arbeitsgebiet — von Rom bis Warschau, von Berlin bis Wien.

Warum aber entstand aus der Fülle des Erforschten kein gelehrtes, mit tausend Anmerkungen gespicktes Opus? Nicht nur weil eben solche grauen Eminenzen und dunklen Existenzen eine erzählende Darstellung ermöglichen, bei der — dank einer Fülle belegter Fakten — selbst das kleinste farbige Detail nicht erfunden werden muß; auch weil der Verfasser zu der Meinung neigt, die einst Johan Huizinga bei seinem großen Werk über den »Herbst des Mittelalters« beflügelte und heute, im Herbst der Neuzeit, erst recht überzeugt:

»Unleserliche Geschichte ist keine Geschichte«

H. St.

1. Geheimarchivar mit Geschäften

Schlicht als Gauner — »escroc« — bezeichnete ein französischer Historiker 1976 einen damals schon fast vergessenen römischen Monsignore namens Eduardo Prettner-Cippico. Als Archivar im päpstlichen Staatssekretariat habe er vierzehn Jahre lang, 1933 bis 1947, Geheimdokumente fotografiert und an die Sowjetunion verkauft. Und dann? Was war aus ihm geworden? Ein Blick ins Telefonbuch von Rom ersparte detektivisches Nachforschen. Da stand er mit voller Adresse: Via Porta Angelica 15 — ein Steinwurf vom Vatikan entfernt. Genügte also ein Anruf, um ihn zu befragen? »Nein«, sagte eine weibliche Stimme mit deutschem Akzent, »der Monsignore ist tagsüber nur in seinem Büro zu erreichen.« Etwa im Vatikan? »Nein, im Palazzo Massimo.«

Und wirklich, in diesem prächtigen barocken Adelspalast thronte am Ende eines noch prunkvolleren Saales hinter goldglänzendem Schreibtisch ein fast unscheinbarer alter Herr in priesterlichem Schwarz. Nicht eine Sekunde verging ihm das freundliche Lächeln, als er mit dem Vorwurf konfrontiert wurde:

»Ich, ein Agent der Russen? Was hat man mir nicht schon alles Böse vorgeworfen!« Nein, eine Beleidigungsklage habe er gegen den Pariser Professor Lesourd, der ihn der Gaunerei bezichtigte, nicht erhoben. »Wozu auch? Jeder konnte doch aus dem Vatikan Dokumente nach Hause tragen — damals, als ich Archivar gewesen bin.« Auf die Frage, für wen er nun hier im Palazzo Massimo tätig ist, greift Prettner-Cippico nach einem braunen Heft und reicht es über den Schreibtisch. Es ist das »Streng vertraulich« überschriebene Geschäftsmemorandum einer internationalen Investitions- und Finanzgesellschaft mit Sitz auf den Bermudainseln; einer ihrer Direktoren war amerikanischer General und in den sechziger Jahren Stabschef der NATO-Luftstreitkräfte in Südeuropa ... Was aber hat ein Priester und Ex-Archivar des Vatikans hier zu tun?

»Ich leite hier den Forschungs- und Informationsdienst der Gesellschaft«, sagt Prettner-Cippico. »Ich sammle Berichte über die politische Lage in verschiedenen Ländern«, fügt er hinzu.

Eben dies — und Geld hatte den geistlichen Herrn schon immer mehr motiviert als alle frommen Mysterien. Und von einigen seiner Geheimnisse hinterließ er nach seinem Tod dokumentarische Spuren ...

Stolz, mit Briefkopf und Wappen der »Päpstlichen Kommission für Rußland«, hatte der 28jährige »Eddy« seiner »carissima mamma« im heimatlichen Triest geschrieben, daß er nun offiziell zum Archivbeamten im vatikanischen Staatssekretariat befördert sei: mit 1200 Lire Monatsgehalt, wozu noch — dank »besonderem päpstlichen Privileg« — 10 Lire für jede täglich zu feiernde Messe kämen. Kein religiös gestimmtes Wort, kein Segenswunsch für die Mutter zum Namenstag findet sich in diesem Brief vom 27. Februar 1933, nur von Geld ist die Rede. Am gleichen Tag freilich notiert Eduardo Prettner-Cippico in sein privates Tagebuch: »Das Staatssekretariat macht mir jeden Tag mehr den Eindruck einer Sammlung von Hirnlosen und Ignoranten. Ist dies die Kirche, von Gott gelenkt?«

Mit allerlei Empfehlungen — bischöflichen und großindustriellen — hatte der Theologiestudent gleich nach dem Examen den Sprung in den Vatikan geschafft. In der Rußland-Kommission, wo damals der französische Jesuitenbischof d'Herbigny regierte und die geheimen Fäden zur Untergrundkirche in der Sowjetunion zog, brauchte man die deutschen, französischen und slawischen Sprachkenntnisse des jungen Triestiners. Einer seiner Kollegen, Giuseppe Di Meglio, erinnerte sich später: »Prettner-Cippico war ein höflicher, pünktlicher, präzise arbeitender Mensch, kühl und berechnend. Man spürte, daß er eigentlich keine priesterliche Berufung hatte. Und nicht nur, weil ihm Mädchen- *und* Männerfreundschaften den Zölibat erschwerten ... Ehrgeiz und die Fähigkeit, sich im richtigen Augenblick zu beherrschen, begünstigten seine Karriere ...«

Im Juli 1933 schwor Prettner-Cippico den üblichen »heiligen Eid«, alles geheimzuhalten, was er erfuhr. Obschon er einmal erwischt wurde, als er ein vierfach versiegeltes Dokument, das Rußland betraf, geöffnet hatte, stand seiner Beförderung nichts im Wege. Sein Chef, Bischof d'Herbigny, lieh ihm sogar Geld, das er erst nach Jahren zurückzahlte. Da aber war d'Herbigny schon lange gestürzt und unter nie ganz geklärten Umständen aus Rom in ein französisches Kloster verbannt; zu den Vorwürfen, die ihn zu Fall brachten, gehörte auch der, daß Dokumente »verschwunden« seien. Doch der Verdacht fiel — zu Unrecht, wie sich viel später herausstellte — auf einen deutsch-russischen Mitarbeiter d'Herbignys, einen Priester namens Alexander Deubner; der hatte das Pech, daß er mit der (gerade nach Moskau emigrierten) prominenten deutschen Kommunistin Klara Zetkin verwandt war. Von Panik ergriffen, floh Deubner 1933 aus Rom, was ihn natürlich noch mehr verdächtig machte. Nach einigen Monaten jedoch kam er zurück, versuchte sich zu rechtfertigen — und gab es schnell wieder auf. Denn sein Kollege Prettner-Cippico hatte im Hintergrund schon alle Fäden gezogen, um die — wie er ja meinte — »Hirnlosen« im Vatikan hinters Licht zu führen. Sogar seinen Bischof in Triest mobilisierte er, um Deubner von Rom fernzuhalten. Der schlaue kleine Archivar brachte es zuwege, daß Deubner und so auch sein abgehalfterter Chef d'Herbigny im Zwielicht blieben.

Es waren aufregende Monate. Am 17. Februar 1933 notierte Prettner-Cippico in sein Tagebuch: »Kopfweh, Erbrechen, ich gehe nach Hause, nachdem ich eilig den Bericht über den Kommunismus in China kopiert habe.« Im Herbst ist es soweit. Am 2. Oktober muß d'Herbigny »aus Gesundheitsgründen« die Rußland-Kommission verlassen, und Prettner-Cippico kommentiert befriedigt: »Ich glaube, daß diese Veränderung das Vorspiel zu einer Annäherung des Heiligen Stuhls an die Sowjetunion ist.«

Davon konnte freilich keine Rede sein; dem Geflecht von Intrigen fiel nur die Rußland-Kommission zum Opfer, auch wenn sie noch Jahre dahinsiechte, in denen viele ihrer vertraulichsten Papiere spurlos verschwanden (obschon man doch vieles auch kopieren konnte ...). Als der sowjetische Außenminister Litwinow am 2. Dezember 1933 auf Einladung der italienischen

Regierung nach Rom kam und sogar mit dem faschistischen »Duce« liebäugelte, erhob sich in aller Welt vergebliches Rätselraten, ob es dabei auch Kontakte mit dem Vatikan gab. Prettner-Cippico notierte das Ereignis nur kurz und kommentarlos in seinem Tagebuch. Genau einen Tag vorher hatte er plötzlich alle seine Schulden zurückzahlen können ... Und seine Karriere als Archivar des Staatssekretariats überlebte spielend die — wie er schrieb — »Agonie der Rußland-Kommission«, die er offenkundig ohne Trauer, doch auf seine Weise teilnahmsvoll beobachtete ...

Als 1939 kurz vor dem Zweiten Weltkrieg Pius XI. gestorben war, wurde der bisherige Kardinal-Staatssekretär Eugenio Pacelli zum Papst gewählt — wie es Prettner-Cippico stets erwartet hatte. Seit langem pflegte er freundliche und geschäftliche Beziehungen zu Pacellis Neffen, dem Fürsten Carlo, der nun als leitender Finanz- und Vermögensberater in den Vatikan kam. Und schon einen Tag nach dem Amtsantritt Pius XII., am 3. März 1939, wurde Prettner-Cippico zum »päpstlichen Hausprälaten« und damit zum »Monsignore« ernannt. Im Alter von erst 34 Jahren war er jetzt wirklich Herr jenes Archivs, das ihn — wie ihm ein Kardinal gratulierend zuflüsterte — »zu einem der am besten Informierten der Welt« machte. Zwei noch jüngere Priester, die später in der vatikanischen »Ostpolitik« Geschichte machten, Agostino Casaroli und Luigi Poggi, wurden Prettner-Cippico 1940 als Archivhelfer unterstellt.

Da war schon Krieg, und die Geschäfte des emsigen »Monsignore Cippico« (den deutschklingenden Vaternamen benutzte er jetzt nicht mehr) begannen auf vielfältige Weise zu blühen. Diplomaten aller kriegführenden Länder gingen im Vatikan ein und aus. »Vertrauliches« schwirrte durch die Luft. Der große Augenblick kam, als im Sommer 1943 der neue Botschafter Hitler-Deutschlands beim Heiligen Stuhl, Ernst von Weizsäcker, seinen Antrittsbesuch beim Papst machte und beiläufig fragte, ob man ihm nicht einen Gesprächspartner zur Verbesserung seiner Kenntnisse des Italienischen und des Katholizismus empfehlen könnte. »Monsignor Prettner-Cippico nennt mir einen Advokaten aus Triest, der gut katholisch ist«, notierte ein Kuriendiplomat. Und schon erschien dieser Herr mit dem wohlklingenden Namen Milo di Villagrazia — »vormals Milost von Mildenhaus«. So stellte er sich dem Botschafter als italienischer Österreicher vor.

Weizsäcker konnte nicht ahnen, daß dieser Signor Milo, der so sanft regimekritisch gestimmt schien wie er selbst, nicht nur Jurist und Börsenmakler war, sondern Vertrauensmann des OSS, des amerikanischen Geheimdienstes. Ein Bruder von Milo war Verbindungsoffizier der italienischen Luftwaffe im Stab der deutschen Italienarmee, und sein bester Freund war eben Cippico, der Monsignore. In dessen Privatarbeitszimmer, ganz nahe beim Vatikan, stand schon seit einem Jahr ein Geheimsender, gut versteckt hinter dem selten benutzten Hausaltärchen ...

Es war eine aufregende Zeit 1943/44, von der Besetzung Roms durch die Deutschen bis zu ihrem — zum Glück kampflosen — Abzug.

Cippicos Wohnung, vatikaneigen und deshalb »exterritorial«, also vor Militär- und Polizeikontrollen sicher, wurde Treffpunkt und Zuflucht: für entflohene Gefangene, desertierte Soldaten, verfolgte Juden (die vor dem Transport in den Tod auch Geld und Juwelen hier hinterließen ...) und nicht zuletzt für Agenten. Was der Monsignore für sie bedeutete, ist dokumentarisch bezeugt. Kaum hatten die Amerikaner Rom besetzt, da schrieb schon am 16. Juli 1944 der zuständige Sektionschef des *»Office of Strategic Services«* (OSS) einen geradezu überschwenglichen Brief an »Monsignore Graf (!) Eduardo Cippico«:

»Worte sind unangemessen, um unsere ungeheure Dankesschuld Ihnen gegenüber auszudrücken oder gar zurückzuzahlen (*to repay*). Ihre hochgeschätzte Mitarbeit, unter großem Risiko und mit nicht unbeträchtlichem persönlichen Opfer noch vor dem alliierten Einmarsch in Rom, ist Ausdruck höchster und furchtloser Hingabe an unsere gemeinsame Sache ...« Und am 22. Januar 1945 wurde dies dem Vatikanarchivar auch noch mit einer schön verzierten italienisch geschriebenen Ehrenurkunde bestätigt, mit großem Siegel und unterschrieben von William Donovan, dem US-Geheimdienstchef.

Jetzt, da der Krieg vorbei war, konnte sich Cippico endlich wieder seiner zweiten Lieblingsbeschäftigung widmen: Geld und

Geschäften. Zunächst schienen dafür die verbreiteten Ängste vor kommunistischer Machtergreifung und die strengen Devisengesetze Italiens, vor allem aber Cippicos Position im Vatikanstaat die besten Voraussetzungen zu bieten. So trafen sich auf guten Rat von Freund Milo besorgte Industrielle und Geschäftsleute aus ganz Italien an verschwiegenen Orten mit dem Monsignore und überreichten ihm dicke Bündel von Banknoten. Und er verwandelte die Lire — natürlich mit entsprechender Provision — in harte Dollars. Wie? Cippico sorgte dafür, daß die Vatikanbank oder italienische Ordenshäuser, die Lire brauchten, den Gegenwert von ihren offiziellen Auslandskonten auf diskrete Privatkonten überwiesen. Der Trick, damals illegal, funktionierte 1946/47 ziemlich gut, wenn auch nicht schnell — schließlich konnte man durch Verzögerungen auch an den Zinsen und Kursdifferenzen verdienen ...

»32 solche Operationen brachte ich ans Ziel, zweieinhalb Milliarden Lire (das waren damals über 160 Millionen Mark) gingen durch meine Hände«, schrieb Cippico später und rühmte sich, daß er dadurch Deviseninvestitionen für 35 000 Arbeitsplätze im Nachkriegsitalien ermöglicht habe. Beiläufig finanzierte er auch noch eine eigene kurzlebige Firma namens »Ozean-Film«, die angeblich nur Christliches produzieren sollte. Immerhin war er ja Priester, römischer Kurienprälat, und eben dies erwies sich als nützlich, bald aber auch als geschäftsschädigend. Denn trotz aller Gunst seiner Gönner kam der Monsignore allmählich ins Gerede, auch im Vatikan — und dieser durch ihn.

Wie ein Blitz traf ihn am 5. September 1947, als er gerade mit seiner Südtiroler Freundin vom Sommerurlaub zurückgekehrt war, ein lakonisches Schreiben des päpstlichen Staatssekretariats: er sei bis auf weiteres vom Dienst suspendiert. Die italienische Polizei hatte dem Vatikan zu verstehen gegeben, daß gegen den Monsignore Ermittlungen wegen Devisenvergehen, ja Betrugsverdacht im Gange seien. Anfang Februar 1948, als sich die Gerüchte um Cippico verdichteten und er selbst immer nervöser wurde, riet der Cippico-Freund und Papstneffe Carlo Pacelli seinem Onkel: Der Vatikan müsse die Sache nun selbst in die

Hand nehmen, bevor sie bei den bevorstehenden Wahlen zur Propagandamunition der Kommunisten werde. Und so geschah, was seit Jahrzehnten nicht mehr geschehen war: Die päpstliche Polizei vollstreckte einen Haftbefehl Seiner Heiligkeit. In aller Stille wurde der überraschte Prälat in ein Turmzimmer der Apostolischen Bibliothek gesperrt, zwar komfortabel, mit viel Lesestoff ausgestattet, doch unter strenger Bewachung.

Noch hatte sich nicht herumgesprochen, daß Prettner-Cippico in Ungnade gefallen war. Auch die Polizisten vor seiner Zimmertür wußten nicht, was dem geistlichen Herrn vorgeworfen wurde. Wie immer wirkte er ruhig und gelassen: Am Morgen des 3. März 1948 — vier Wochen saß er schon fest — bittet er höflich den Wachmann vor der Tür, er möge ihm doch behilflich sein, einen Stapel von Büchern aus der einen Ecke des Zimmers in die andere zu tragen. Buch nach Buch türmt Cippico dem wackeren Gendarmen auf die ausgebreiteten Arme — bis dessen Gesicht hinter dem Stapel verschwindet. In diesem Augenblick macht der Häftling einen Sprung vor die Tür und dreht den Schlüssel hinter sich um ...

Minuten später sieht man ihn in langer, schwarzer Soutane, das Brevier-Gebetbuch unter dem Arm, zum St. Anna-Tor des Vatikans schreiten. Ahnungslos salutieren die wachhabenden Schweizer

Eduardo Prettner-Cippico vor dem Prozeß 1951.

... nach dem Prozeß.

Gardisten, während der Prälat das heiß gewordene Pflaster des Vatikanstaats hinter sich läßt; erst am Abend lesen die Grenzhüter staunend im »Osservatore Romano«, der Vatikanzeitung, daß Eduardo Prettner-Cippico » . . . zahlreicher Fälschungen und Betrügereien angeklagt, in Haft genommen, verhört und — nachdem er diese Delikte gestanden hat und geflohen ist — von der zuständigen kirchlichen Behörde vom Priesterstand in den des Laien zurückversetzt wurde . . .«

Eigentlich hätte er nun wirklich das Weite suchen können. Er besaß einen Paß und viele Freunde, nah und fern. Daß der Vatikan durch ein Urteil ohne Gerichtsverfahren seinerseits die »Flucht nach vorn« angetreten hatte, schien Cippico geradezu willkommen zu sein. Sofort stellte er sich der italienischen Polizei und genoß offenkundig den Skandal, den nun vor allem die kommunistische und antiklerikale Presse hemmungslos ausschlachten konnte. Zwar war es nicht bequem, zwei Jahre lang im römischen Gefängnis »Regina Coeli« (Königin des Himmels) eine Zelle zu beziehen, aber der Häftling konnte darauf vertrauen, daß sich Gerichtsprozeduren in Italien endlos hinschleppen — und in diesem Fall gab es auch noch »höhere Interessen«, päpstliche wie christdemokratische, um die Sache versanden zu lassen.

»Meine Nebentätigkeit war im Vatikan gut bekannt, ja Monsignore Giudetti selbst — der Sekretär der päpstlichen Vermögensverwaltung — hat mir mehrmals Leute vorgestellt, die Geld im Ausland brauchten. Erst im Frühjahr 1947 bat mich Monsignore Montini (das war der spätere Papst Paul VI.) freundlich, diese Tätigkeit einzustellen . . .« So gab Cippico bei der Polizei zu Protokoll. Derlei Einzelheiten jedoch kamen im Prozeß, der erst vier (!) Jahre später begann, nicht mehr zur Sprache. Die Verurteilung wegen »Betrugs in sieben Fällen« wurde nach weiteren vier Jahren, 1956, im Revisionsverfahren aufgehoben. Und lange vorher schon war Prettner-Cippico zurückgekehrt — in seine kostenlose Vatikanwohnung in der Via Porta Angelica.

War das christliche Nachsicht — oder der Preis eines stillen Abkommens auf Gegenseitigkeit? Immerhin hatte der skandalumwitterte Herr in all den Jahren seines Verfahrens öffentlich kein böses oder auch nur kritisches Wort gegen die päpstliche Kurie oder gar gegen die Kirche gesagt — und man hoffte, daß es so bleiben würde. Niemand wußte, daß er seine Rache, diskret und effektvoll, schon in Gang gesetzt hatte ... Am 5. Mai 1955 erhielt er Besuch aus Paris. Ein alter, sehr intimer Freund, der Schriftsteller Roger Peyrefitte, überreichte ihm das erste Exemplar seines Skandalromans über den Vatikan, der bald in Rom, in Italien, ja in aller Welt viel Aufsehen erregen würde: *»Les Clés de Saint Pierre«* — »Die Schlüssel von St. Peter«. Auf die Titelseite schrieb der Autor mit kräftigen Federstrichen auf französisch die Widmung:

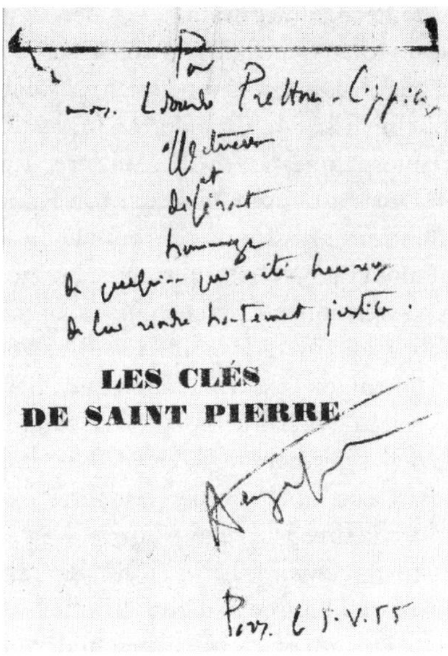

*»Für Monsignore Prettner-Cippico
eine liebevolle
und ehrende
Huldigung
von jemandem, der glücklich ist,
ihm höchste Gerechtigkeit zu erweisen
Peyrefitte«*

In dem »Roman« waren zwei Seiten der Devisen- und Justizaffäre des Prälaten gewidmet mit dem ironischen Schluß: »Es wäre für Monsignore Cippico weit besser gewesen, sich Mätressen zu halten, als die Kirche auf frischer Tat ertappt werden zu lassen.«

Lange Jahre schon hatte Peyrefitte diese Beziehung gepflegt, denn bei jedem Rombesuch lieferte ihm Cippico neues Material für das Buch. So war er auch an ein Dokument gekommen, das die Romanleser für eine seiner boshaftesten Erfindungen hielten. Es stammte aus dem »Sanctum Officium«, der vatikanischen Glaubenskongregation, und war das Protokoll einer Sitzung vom 15. Mai 1954, die sich stundenlang mit dem Verbot befaßte, eine Reliquie des »heiligen Praeputium« — der Vorhaut des beschnittenen Jesuskindes! — religiös zu verehren.

Der kuriose, für prüde Geister peinliche Andachtsgegenstand befand sich tatsächlich seit Jahrhunderten in der Pfarrkirche von Calcata, einem lange halb verlassenen, in düsterer Tuffsteinschlucht dahinbrütenden Dorf in Latium, nördlich von Rom. Obschon die Echtheit der Reliquie selbst unter Frommen umstritten blieb, meinte doch ein moderner Reiseführer: »Wie könnte man sich vorstellen, daß ein so wertvolles Häutchen nicht sorgfältig von seiner Mutter aufbewahrt wurde!« Als es 1984 spurlos verschwand, von Kirchenräubern gestohlen (natürlich nur wegen des goldenen, mit Barockengeln verzierten Behälters) — da verzichtete der zuständige Bischof darauf, den Einbruch anzuzeigen. Nur ja kein Aufsehen erregen! hieß es. Denn noch immer erinnerte man sich an die Wogen von Spott, die drei Jahrzehnte zuvor jenes »Protokoll« im Peyrefitte-Roman aufgewühlt hatte. Damals, am 2. Dezember 1955, hatte Peyrefittes Freund Cippico brieflich dem Autor die Wirkung seines Buches auf den Vatikan geschildert: » . . . es hat den kleinen herrschenden Klüngel (*clique dominante*) tief geschockt; sie können ihre Demagogie nun nicht mehr maskieren . . .«

Und doch bemühte sich dann der gleiche Cippico, von dieser »Clique«, die er so verachtete, so schnell wie möglich wieder anerkannt zu werden. Ein neuer Papst, der gutmütige Johannes XXIII., erlaubte ihm, sich wenigstens wieder als Priester zu bezeichnen, wenn auch nicht geistliche Kleidung zu tragen. Nur zu Hause, ganz privat, durfte er die Messe zelebrieren. Aber das genügte Prettner-Cippico nicht. Am 8. Mai 1961 schickte er einen Einschreibebrief an den Kardinal Tardini, entschuldigte sich »für den Schmerz, den ich Ihnen und dem Staatssekretariat zugefügt habe«, und bat, einen Brief an den Papst weiterzuleiten, in dem es hieß: »Ich spüre, wenn ich an die Vergangenheit denke, die Schamröte angesichts alles dessen, was ich getan habe, und deshalb bitte ich Eure Heiligkeit um Vergebung ... In all diesen Jahren habe ich versucht, meine schwere Schuld zu beweinen ... Die Möglichkeit, wieder geistliche Kleidung zu tragen, würde mir helfen, wieder

Kirche von Calcata. *Foto: E. Schwaegermann.*

eine ständige Beschäftigung zu finden ... Ich vertraue auf Ihr väterliches Verständnis und werfe mich nieder, um den Heiligen Fuß zu küssen ...«

Es dauerte noch vier Jahre, bis ihm ein neuer Papst und alter Bürokollege, Paul VI. (Montini), die kleine Gnade gewährte. Da hatte das Zweite Vatikanische Konzil in Kirche und Kurie schon etwas frischere Luft eindringen lassen, die aber auch manchen Staub aufwirbelte. Auch die starre Front des katholischen Antikommunismus bröckelte.

Manches hatte Prettner-Cippico schon in einem merkwürdigen Buch vorweggenommen, das er 1960 mit dem Titel »Kirche in Richtung 2000« schrieb; ein bischöflicher Freund in Triest hatte es abgesegnet und finanziert. Es diente gleichsam als Ausweis für Cippicos Geschmeidigkeit: »Wenn ein Priester oder gläubiger Katholik Kontakte mit Bürgern kommunistischer Länder zu haben wagt«, schrieb er, »dann läuft er Gefahr, des Philokommunismus verdächtigt zu werden«; man müsse aber die Trennmauern durchbrechen. Eben dies tat er selbst schon längst. Und nun erst recht auf vielfältige und einträgliche Weise ...

Wieder wie in den Kriegs- und Nachkriegszeiten besuchten »interessante« Leute verschiedenster Herkunft das Haus in der Via Porta Angelica, und später auch den Palazzo Massimo. Und Prettner-Cippico bediente sie alle mit dem, was er nicht nur vom Hörensagen wußte. Jede Woche lieferten ihm vier brave Prälaten aus dem vatikanischen Staatssekretariat alles, was dort an (wirklich oder scheinbar) Wichtigem aus aller Welt gemeldet wurde. Wahrscheinlich waren diese Monsignori am Gewinn beteiligt. Denn der Fleiß, mit dem sie nicht etwa Kopien, sondern Abschriften oder Zusammenfassungen von Berichten der päpstlichen Nuntiaturen, ja sogar von Protokollen vertraulicher Sitzungen im Vatikan, anfertigten, kannte keine Grenzen. Nur einmal schrieb einer: »Nächstens mehr — diese Woche sind wir alle zu sehr beschäftigt!«

Hunderte solcher Berichte lagen wohlgeordnet — als Maschinendurchschläge — unter den Papieren, die Prettner-Cippico nach seinem Tod hinterließ. Offenkundig war er so stolz darauf, daß auch die Nachwelt wissen sollte, was er wußte und seine »Kunden« wissen ließ. Beim Blättern in diesen Papieren wird freilich spürbar, wie der Abstand der Zeit auch große Geheimnisse schrumpfen läßt. Hier einige Kostproben:

1964. »Größte Besorgnis«, daß beim Zweiten Vatikanischen Konzil die Erklärung über Religionsfreiheit nicht verabschiedet werden könnte, bekunden siebzehn Kardinäle (darunter Döpfner, Frings, König) in einem Brief vom 11. Oktober an den Papst. — Das Auftreten Helmut Schmidts beim SPD-Parteitag zeigte, daß es auch bei einer Regierungsübernahme durch die Sozialdemokraten ein »besser organisiertes Heer und mehr militaristischen Geist« gäbe, meldet der Bonner Nuntius am 30. November.

1965. Der Polizeidruck in den kommunistischen Ländern habe sich abgemildert, während im Westen »die Katholiken zu sehr der Linken nachgeben«, stellt eine interne Beratung im Vatikan am 2. März fest. »Die französisch-amerikanischen Beziehungen sind immer mehr gespannt«, weil De Gaulle die amerikanische Militärpräsenz in Europa beseitigen wolle, so berichtet am 20. Mai der Nuntius aus Paris.

1966. »Fast alle deutschen Bischöfe sind gegen eine Reise des Heiligen Vaters nach Polen«, berichtet Nuntius Bafile am 16. Februar. »Man muß hier Rücksicht nehmen auf die schwierige gegenwärtige Lage der CDU. Eine Polen-Reise des Papstes, die geschickt als links-tendierend gedeutet würde, könnte einen heftigen Gegenschlag der christdemokratischen Rechten provozieren ... Natürlich beabsichtigen solche Überlegungen nicht, die ehrwürdige Entscheidung des Heiligen Vaters zu beeinflussen ...« Der angekündigte Besuch des sowjetischen Außenministers Gromyko beim Papst habe in amerikanischen Kreisen »lebhafte Besorgnis« ausgelöst, berichtet Monsignore Vagnozzi aus Washington am 5. April. Im Vatikan hingegen habe der Besuch Gromykos »den besten Eindruck« hinterlassen; der Minister habe »mit großem Verständnis« dem Papst zugehört, heißt es in einem internen Bericht vom 27. April.

1967. Im Dezember hat man im Vatikan den Eindruck gewonnen, daß US-Präsident Johnson den Vietnamkrieg beenden möchte, weil sich Wahlen nähern und er »nicht als Kriegstreiber erscheinen will«.

1968. Ergebnis einer internen Beratung im April ist, daß sich die »Haltung des Heiligen Stuhls zur NATO, die bisher absolut positiv war«, verändern müsse. »Wenn es keine schwere Gefahr gibt, wozu dann einen großen Militärapparat aufrechterhalten?« Nuntius Rossi in Wien meldet am 27. August, daß ihm Bischof Tomašek aus Prag mitteilen ließ, der tschechoslowakische Klerus bewahre »absolute Neutralität angesichts der Ereignisse« nach der sowjetischen Intervention gegen den »Prager Frühling«. Die Kurienkardinäle diskutieren im Vatikan, ob es »angesichts der gespannten internationalen Lage opportun ist«, die Ermittlungen der Glaubenskongregation gegen abweichende Theologen wie Schillebeeckx und Küng noch fortzusetzen.

1969. Der Ost-Berliner Kardinal Bengsch sei »sehr befriedigt« vom Kurs der neuen sozialliberalen Regierung in Bonn, meldet Nuntius Bafile am 2. November, und meint: Brandt mangle es am »fanatischen Patriotismus« De Gaulles, aber es sei zu erwarten, daß die Wende nach Osten die Beziehungen zum Westen nicht abkühlen werde.

1970. Im Vatikan herrscht laut Bericht vom 9. Januar der Eindruck, daß »Bischöfe und Klerus in den sozialistischen Ländern viel mehr mit Papst und Kirche vereint sind als die der westlichen Länder«. Aus Bonn meldet Nuntius Bafile am 6. Januar, der CDU-Abgeordnete Barzel habe im Gespräch erkannt, »daß Brandt ein Realist ist, denn es ist utopisch zu denken, daß sich so viele Jahre nach dem großen Krieg die beiden Deutschlands vereinen können«. Das seien freilich »Dinge, die man nicht öffentlich sagen kann«.

Also Staatsgeheimnisse aus dem Vatikan? Aus heutiger Sicht von schwacher Qualität. Prettner-Cippico freilich wußte die Neugier immer wieder wachzuhalten, indem er das Material noch mit »technischen« Informationen anreicherte; etwa einer Beschreibung des Vatikanischen Kurierdienstes, des Postversands und der Archivregeln: Wenn ein Dokument entnommen werde, hinterlasse man »im Allgemeinen« einen Zettel mit Datum und Unterschrift, berichtete er. So konnte man sich manches Original »ausleihen«.

Wer aber waren die Abnehmer? Natürlich alte Kunden wie die Amerikaner vom CIA, die allerdings nicht mehr wie in OSS-Zeiten direkt, sondern nun über Vermittler wie den »Investment-Forschungs-Dienst« im Palazzo Massimo bedient wurden. Die direkten Abnehmer notierte Cippico auf vielen Durchschlägen der Berichte, die er für sein Archiv behielt. Da stand in den sechziger bis Anfang der siebziger Jahre oft — mit Bleistift — der Buchstabe »K«. Wahrscheinlich ein Hinweis auf den polnischen Rom-Korrespondenten Krasicki oder dessen »Partner« Kusen (siehe Seite 28 f.). Deutlicher war der Hinweis »für Bogye« — ein ungarisch klingender Name. Ein in Mailand lebender ehemaliger Botschafter aus Budapest, der im Westen zurückgeblieben war, erinnert sich: »Janos Bogye — so hieß damals mein Vizekonsul in Rom!«

Bogye war als Polizeioffizier vom Innen- zum Außenministerium versetzt und in die ungarische Botschaft als Resident des sowjetischen KGB eingebaut worden — zuständig für Vatikan und Katholizismus. »Er war immer so charmant, dieser Ungar!« erinnerte sich später Frau Trautl, die Südtirolerin, die Cippico als Hausdame diente. »Der Monsignore saß mit dem Ungarn oft stundenlang zusammen; sie brüteten über Papieren, schrieben die Sachen ins Reine, und ich korrigierte das Deutsch — manches stand ja auch schon in der Zeitung ...«

So dürfte auch entstanden sein, was noch ein Vierteljahrhundert später Schlagzeilen machte, als aus den Berliner Stasi-Akten Agentenberichte aus dem Vatikan zum Vorschein kamen — sogar scheinbar wörtliche Protokolle von Gesprächen des Papstes. Schließlich mußten die Papiere ja das Geld wert sein, das sie — in westlicher Währung! — kosteten. Zum Glück habe Bogye immer schnell bezahlt, erinnerte sich Frau Trautl. An Geld fehlte es ja Cippico immer, auch weil es für ihn fast das Wichtigste war.

Nur das Bedürfnis, »das Unrecht des Vatikans« zu vergelten, war ebenso stark, und dabei half ihm bis zuletzt vor allem Freund Roger in Paris. Vergangen waren die Zeiten, in denen Peyrefitte seinem lieben Eduardo sogar ersprießlichen Kontakt zum damaligen französischen Informationsminister (seinem Bruder Alain) vermitteln konnte. Doch als Lieferant von Gerüchten und Anreger von ebenso geistreichen wie geschmacklosen Bosheiten war der Monsignore dem Skandalschriftsteller immer noch gern zu Diensten. Noch kurz vor Cippicos Tod, 1983, erschien Peyrefittes Roman »Die rote Soutane«: die Geschichte des Kardinals »Attyla«, der als sowjetischer KG-Agent zum Papst gemacht wird, um die Finanzen des Vatikans zu zerrütten und seine polnische Heimat zu verraten . . .

Erst Jahre später, als Prettner-Cippico längst begraben war, mußte Frau Trautl die Wohnung in der Via Porta Angelica räumen und dem Vatikan überlassen. Dem Besucher, den sie noch vorher in das Arbeitszimmer des Verstorbenen führte, sagte sie: »Hier hat der Monsignore jeden Tag ganz allein die Messe gelesen.«

»Allein? Nun, Sie waren ja wohl dabei . . .« Immerhin hatte sie ihm ja achtzehn Jahre lang auf vielerlei Weise die Einsamkeit erspart.

»Nein«, sagte sie. »Ich war ja nicht gläubig wie er . . .«

Quellenhinweis: Gesprächsprotokoll mit P.-C. vom 18. 1. 1978; Nachlaß von P.-C. im Besitz von Waltraud Lechner (+) — (Kopien im Archiv d. Verf.); Gespr. mit Mons. Di Meglio am 11. 10. 1983; Annuario Pontificio 1946; Paul Lesourd, »Le Jesuite clandestin«, Paris, 1976; Brief von R. Peyrefitte v. 27. 11. 1992; Vat. Aktenpublikation zum Zweiten Weltkrieg (ADSS) Bd. VII, S. 476; Prettner-Cippico: »La Chiesa verso il 2000«, Editrice ARO, Roma, 1962.

2. Fritz — ein Diener vieler Herren

Düster drängt sich Gemäuer mittelalterlicher Häuser um das fünftürmige Schloß der Orsini, hoch über dem See von Bracciano, 38 Kilometer nördlich von Rom. In der Via San Clemente, einer engen, nur zu Fuß begehbaren Gasse, führt eine lange steile Treppe an die Haustür Nr. 9 — keine Zahl, nur der Nachbar verrät es. Eine schwarze Katze huscht aufgeregt davon, als geöffnet wird.

»Wer schickt Sie?« Der alte Mann mit dem verkniffenen Gesicht, aus dem listige kleine Augen schauen, stellt die Frage sachlich, ohne Staunen oder Neugier. Als er hört, daß sein Besucher ohne Auftrag kommt, ist er ein wenig enttäuscht: »Ja, fast niemand mehr interessiert sich jetzt für meine Informationen — freilich, ehrlich gesagt, es gab Zeiten, in denen ich mehr wußte . . .!« *Gottfried Kusen* zwinkert seinem ungebetenen Gast zu, als wollte er ihn zu Fragen ermuntern. Aber das ist kaum nötig. Als »Spion a. D: — außer Dienst« bezeichnet er sich sogleich selbst an diesem Herbstabend des Jahres 1976, kurz vor seinem 75. Geburtstag.

In wessen Diensten stand Kusen? — Der »undurchsichtige Fritz«, wie ihn journalistische Kollegen nannten, der arme Kerl — *»Poverino«* — wie sich ein Kardinal im Vatikan an ihn erinnert, war Diener vieler und verschiedenster Herren. Weder deren Paß noch ihr Parteibuch noch ihr Gesangbuch interessierten ihn. Und auch nicht so sehr das Geld. »Ich hätte Millionen verdienen können«, meinte er. Wichtiger sei ihm das Abenteuer als solches gewesen, »das Spiel«. Und immer wollte er auf möglichst allen Seiten mitspielen. Was dabei konkret gespielt wurde, ließ sich im Gespräch freilich damals nicht klären. Erst Aktenfunde in Archiven und Papiere aus Kusens Nachlaß brachten es später ans Licht.

1933, kurz nach Hitlers Machtergreifung, hatte der frisch promovierte Jurist Kusen seine Heimatstadt Köln verlassen und war nach Rom umgezogen. Nicht weil ihm das neue Regime mißfiel, sondern weil ihm ein Mädchen gefiel, eine junge, reiche Dame aus dem römischen Hochadel. Er hatte sie auf einer Italienreise, die ihm sein Vater nach dem Doktorexamen spendierte, kennengelernt. Die Heirat mit Giuseppina verschaffte Kusen Eingang und damit Einblicke in die »höhere Gesellschaft« der italienischen Hauptstadt, auch ins politische und diplomatische Milieu, in Kreise faschistischer und — vatikanischer Hierarchen. Und so die Möglichkeit, sein — nicht nur journalistisches — Hobby zu pflegen: Berichte zu schreiben — teils, um sie zu publizieren, teils zur »streng vertraulichen Information« ...

Ein Deutscher namens Fritz Kusen arbeite für den Nachrichtendienst des italienischen Kulturministeriums, sei aber außerdem Agent der »Miliz«, der Militärorganisation der Faschisten — so meldete SS-Brigadeführer Jost von der Berliner Gestapozentrale am 12. November 1940 an das Auswärtige Amt. Doch Herr von Mackensen, der deutsche Botschafter in Rom, wußte es genauer. Daß Deutsche und Italiener einander bespitzelten, obschon Hitler und Mussolini Kriegsverbündete waren, störte ihn; er spielte entsprechende Berichte herunter als »Mischung von Selbstverständlichkeiten, Klatsch und falschen Angaben«, aber — so meldete der Botschafter am 12. März 1941 — »Kusen ist tatsächlich eine verdächtige Existenz«.

Das Mißtrauen, das er erregte, dürfte nicht allzu groß gewesen sein. Denn Kusen war nicht nur seit 1942 als Dolmetscher bei hohen Wehrmachtsoffizieren sehr geschätzt (wodurch er dem Kriegsdienst entging und zugleich militärische Informationen gewann), er war auch gern gesehener Gast deutscher Diplomaten. Ihnen verriet er, daß sich das Ende des Faschismus zusammenbraute — und sie erzählten ihm, was sie davon hielten. Mußte aber die bevorstehende »Wende« nicht auch Kusen selbst beunruhigen?

Weder der Sturz Mussolinis im Sommer 1943 noch die Besetzung Roms durch die westlichen Alliierten konnten den emsigen Nachrichtenhändler bekümmern oder gar zur Flucht veranlassen. Ruhig lebte er weiter mit Frau und drei Kindern in der Via Sansovino; auch zum Essen gab es trotz Krieg stets genug — aus dem

Lebensmittelladen im Vatikan. Dort hatte Kusen einige hellhörige Freunde und spitzte selbst die Ohren ... Als ihn die Amerikaner dennoch am 14. Februar 1945 wegen Spionageverdacht verhafteten, hatte er den schriftlichen Gegenbeweis gleich zur Hand: Datiert vom 29. August 1944, bestätigte ihm mit Stempel und Unterschrift der Generalsekretär einer antifaschistischen Gruppe (»Partito Democratico Italiano«), daß »Signor Goffredo Kusen, der seit zwei Jahren beim deutschen Heer war, von dem er in Rom desertierte, uns während der Untergrundperiode wichtige Nachrichten politisch-militärischer Art geliefert hat«.

Aber auch der nächsten Peinlichkeit entkam Kusen mit der Leichtigkeit des geübten Spielers: Am 2. Juli 1946 stand sein Name in einer langen Liste von enttarnten Spitzeln der faschistischen Geheimpolizei OVRA, die das italienische Innenministerium in seinem Amtsblatt druckte. Kusens Protest versandete jedoch nicht wie der anderer scheinbarer Unschuldslämmer in der Wüste römischer Bürokratie. Schon ein Jahr später, am 10. Juli 1947, bekam er — sogar vom Amt des Ministerpräsidenten! — einen schriftlichen Freispruch: er sei von der Spitzel-Liste gestrichen. War er also überhaupt kein OVRA-Agent?

»Die sehr wenigen Berichte Kusens an die OVRA, die sich fanden, enthielten nur außenpolitische Informationen, vor allem zu den deutsch-italienischen Beziehungen«, hieß es in der Begründung, die daraus folgerte: »Daher vollzog sich Kusens Aktivität nicht im Interesse des faschistischen Regimes ...«

So ganz absurd ist das nicht einmal. Denn für Faschisten hat Kusen so wenig besondere Sympathien wie für Katholiken oder — Kommunisten, für die er nun seine Rolle weiterspielt. Und diese fasziniert ihn jetzt mehr denn je. Sogar seiner Familie kehrt er immer mehr den Rücken. Seine Frau verläßt ihn, die Kinder werden in einem Heim untergebracht. Das »Hobby« wird zur Droge. Scheinbar »nebenberuflich« ist der Journalist Kusen als Übersetzer und Sprecher bei »Radio Vatikan« tätig — ein Horchposten, den er für seine eigentlichen Arbeitgeber bezieht, die in diplomatischen Vertretungen, in westlichen und östlichen, sitzen. Und Kusen versteht es, sich wichtig und nützlich zu machen, obschon das, was er »verrät«, auch durch gründliche Zeitungslektüre zu erfahren wäre.

Anfang der sechziger Jahre, als zum Zweiten Vatikanischen Konzil Bischöfe aus aller Welt, zum erstenmal auch aus dem kommunistischen Osteuropa, nach Rom kommen, empfiehlt sich Kusen als »wichtiger Informant« nicht nur *aus* dem Vatikan, sondern auch *für* den Vatikan. So nimmt er als stiller Beobachter des päpstlichen Staatssekretariats 1964 und 1966 an der von der Kirche beargwöhnten »Berliner Konferenz« (BK) regimefreundlicher DDR-Katholiken teil. Bei dieser Gelegenheit übernimmt er in Ostberlin auch Aufträge des eigentlichen Gastgebers: Maximilian Hauschke, der im Zentralkomitee der kommunistischen SED für Kirchenüberwachung zuständig ist, macht Kusen mit einem »Freund« bekannt, der auch in Rom lebt, ja sogar im Päpstlichen Russischen Kolleg; es ist ein evangelischer Westberliner, der russisch lernen und sich mit »ostkirchlichen Problemen« vertraut machen will ... Mit Hilfe Kusens könnte er vielleicht — so meint Hauschke — noch mehr ausfindig machen. Zwar gibt es überhaupt keine großen Staatsgeheimnisse, die man durch Kusen erfahren könnte, doch dieser versteht es, sich so mit der Aura des Wissenden zu umgeben, daß man ihm lange Listen von (Allerwelts-)Fragen überreicht. Zwei davon fanden sich in seinem Nachlaß:

Prag will wissen, » ... wie die Ostpolitik von Willy Brandt von den westlichen Verbündeten Bonns, vor allem von den USA beurteilt wird ... Wie will es seine Probleme mit der Tschechoslowakei lösen? ...«

Warschau will wissen, » ... wie wird sich der Vatikan gegenüber dem Problem der Oder-Neiße-Diözesen verhalten? Welche kurz- und langfristigen Ziele hat der Vatikan gegenüber Polen? Wie wird sich die päpstliche Diplomatie gegenüber dem Imperialismus, besonders gegenüber dem amerikanischen, verhalten? Welche Kardinäle sind papabili — also Kandidaten für die Nachfolge des Papstes?«

Kusen konnte damals nicht ahnen, daß es zwölf Jahre später ein polnischer Kardinal aus Krakau sein würde, der als Papst in den

Vatikan einzog. Und noch weniger konnte er sich vorstellen, daß sein Spielfeld — die Hinterhöfe des Kalten Krieges zwischen Ost und West — eines Tages ganz verschwinden könnte. Noch tummelten sich damals in Rom Figuren wie Kusens »Freund« Ignacy Krasicki, ein polnischer Publizist und Kommunist, der mit seinen Beziehungen zu »hohen Stellen« in Warschau, mit seiner adeligen Herkunft und seinen frommen Ahnen kokettierte: ein Graf Ignacy Krasicki war Ende des 18. Jahrhunderts Bischof von Ermland und — ein berühmter satirisch-frivoler Dichter gewesen. Sein später Nachfahre stellte sich bei Kusen nun — unter Berufung auf den »Gotha« — sogar als »Graf von Bieberstein« vor. Das weckte Vertrauen, ließ aber auch am richtigen kommunistischen Credo zweifeln.

Immerhin pflegte Krasicki während des Konzils gute Beziehungen zu den polnischen Bischöfen, die sich in Rom aufhielten: vor allem zu Boleslaw Kominek, dem Oberhirten von Wroclaw (Breslau), der Krasicki im Herbst 1965 sogar den Textentwurf jener Versöhnungsbotschaft anvertraute, die der polnische Episkopat dann zum heftigen Ärger der Kommunisten an seine deutschen Amtsbrüder richtete. Kominek, der wußte, daß dieser »Rom-Korrespondent« auch für das Warschauer Innenministerium tätig war, hoffte auf diese Weise die Wirkung des heiklen Textes auf das Regime testen zu können. In Wirklichkeit jedoch reichte Krasicki das Papier als Frucht seiner eigenen Findigkeit nach Warschau weiter — und erzählte beiläufig davon auch seinem Kollegen Kusen. Wußte Krasicki, daß Kusen nicht nur für den Vatikan tätig war? Und auch nicht nur für östliche Auftraggeber?

Die Fäden verwirren sich, je näher man sie betrachtet. *Durch* wen — und *für* wen — war Kusen etwa mit dem Militärattaché der polnischen Botschaft in Rom bekanntgemacht worden? Als der Offizier bald darauf von der italienischen Regierung des Landes verwiesen wurde, empörte sich die Polnische Presseagentur (PAP): Das Ganze sei eine Provokation des »angeblichen Journalisten Kusen« gewesen. So kam der Name öffentlich ins Gerede, und Kusens »Kundenkreis«, dem alles Öffentliche ein Greuel ist, begann sich zurückzuziehen. Auch jener Arbeitgeber, durch den er sich gleichsam ein patriotisches Alibi gesichert zu haben glaubte: der deutsche Bundesnachrichtendienst (BND).

Mit seinem Decknamen *»Cumberland«* hat Kusen eine Art Abschiedsbrief unterzeichnet, den er am 22. Oktober 1971 an »Herrn Seidelmann«, seinen BND-Vorgesetzten, schreibt und an das Münchener Postfach 887 adressiert. Bitter beklagt er sich, daß man offenbar nichts mehr von ihm wissen will, gibt aber auch zu, daß ihm nun die Italiener auf die Finger schauen: »Leider stehe ich jetzt wegen meiner speziellen römischen Beziehungen unter Kontrolle und muß bei einer anderen Stelle über jede Zusammenkunft berichten.«

Und doch versucht er, sich noch einmal anzudienen, indem er alte Bekannte auftreten läßt: Da habe ihn doch vor Tagen wieder ein Beauftragter jenes Herrn Hauschke aus Ostberlin besucht und ihm sogar einen Freiflugschein dorthin — »über Budapest und Prag« — zugesichert. Ungern habe er dem Hauschke-Abgesandten Nachtquartier gewährt, doch im Gastzimmer »gab es nichts für seine Sonderzwecke aufzustöbern«. Auch Graf von Bieberstein-Krasicki sei wieder bei ihm aufgetaucht und habe wissen wollen, warum der deutsche Botschafter beim Heiligen Stuhl — ein Gegner der neuen Bonner *und* der vatikanischen Ostpolitik — abberufen worden sei. Ein polnischer Diplomat (Deckname »Hansen«) habe ihm anvertraut, wie sehr Warschau darunter leide, daß es beim Vertrag mit Bonn (1970) nicht ganz selbständig, sondern unter dem Druck Moskaus und Ostberlins verhandelt habe . . .

Geheimnisse? Im Grunde spürt Kusen, wie wenig er zu bieten hat und warum der »liebe Freund und Kamerad Seidelmann« vom BND nichts mehr von ihm will. »Ich scheue mich, mit der Stirn gegen die Mauer zu rennen, um nicht meine Zähne zu verlieren . . . Aber ich nehme die Dinge nicht allzu tragisch, denn unser Geschäft kann nicht ewig blühen . . .«, heißt es in dem Brief, den Kusen aus Bracciano schreibt. Hier, nicht weit von Rom, verbringt er kränkelnd, unterstützt von einem Sohn, seine letzten Jahre.

1976, zwei Jahre vor seinem Tod, zeigt Kusen einem seiner seltenen Besucher eine Fotogalerie aller seiner »Brötchengeber«, wie er sie nennt. Der letzte — mit handschriftlichem Dank — war Tunesiens Präsident Bourgiba ...

»Jetzt erinnert sich niemand mehr an mich«, sagt Kusen, »keiner schickt mir einen Notgroschen — mit Ausnahme der Schweizer...«

Quellenhinweis: Protokoll eines Gesprächs mit Kusen (5. Mai 1976); die zitierten Dokumente aus dem Nachlaß von Kusen sind im Besitz der Familie, Kopien im Archiv des Verfassers.

3. Lenins Mann im heiligen Rom

Nachsichtig blickte der römische Prälat auf seinen deutschen Freund, den das Schreckliche, von dem er sprach, geradezu in Begeisterung zu versetzen schien: »Rußland hungert, die Sowjets stehen vor dem Zusammenbruch, sie brauchen Hilfe!«

Die Augen über dem rötlichen Vollbart Wilhelm von Brauns leuchteten, seine gedrungene Gestalt reckte sich beim Reden. Monsignore Pizzardo, der ihm in der kleinen Trattoria nahe beim Vatikan gegenübersaß, lauschte andächtig und doch etwas ungläubig, obschon der Russe, der neben Braun als dritter Gast am Tisch saß, immer wieder stumm nickte. Pizzardo ahnte, daß jenes Sowjetregime, das an diesem 16. Dezember 1921 etwas mehr als vier Jahre alt war, noch manches Jahrzehnt überdauern würde. Aber es war schon eine faszinierende, verlockende Aussicht, die sich da zu öffnen schien: »Die Sowjets brauchen Hilfsgüter und Geld — ergibt sich daraus nicht auch eine Chance für die Kirche?!«

Genau darum ging es dem Mann aus Moskau, für den Wilhelm von Braun diese Begegnung mit Giuseppe Pizzardo, dem päpstlichen Unterstaatssekretär, vermittelt hatte: Waclaw Worowski. Er war eigentlich polnischer, katholischer Herkunft; also der richtige Mann als »Handelsvertreter der Russischen Republik« in Italien und für das Anknüpfen erster Fäden zum Vatikan.

Bei Spaghetti und Rotwein sprach Worowski jetzt von den Millionen Hungertoten, von Menschen, die sich mit Gras, Baumrinden, Pferdekot, ja — mit Leichenfleisch zu ernähren versuchten und von Typhus oder Cholera hinweggerafft wurden.

Hilfsaktionen waren schon im Sommer 1921 aus aller Welt in Gang gesetzt worden. Nobelpreisträger Nansen, der norwegische Polarforscher, hatte dazu aufgerufen, und Herbert Hoover, der Chef des amerikanischen Ernährungsamtes (und spätere US-

Präsident), hatte eine Aktion in Gang gesetzt. Papst Benedikt XV., den Lenins Revolution in Schrecken versetzt hatte, erließ im Juli 1921 einen Appell zu tätiger Nächstenliebe und spendete eine Million Lire. Stand aber nicht immer noch die Verfolgung der Gläubigen auf dem kommunistischen Programm? Lenins Abgesandter Worowski leugnete es jetzt entschieden, als Pizzardo, der päpstliche Diplomat, danach fragte.

Und der seltsame Herr von Braun, der die beiden zusammengebracht hatte, gab kurz darauf — »streng vertraulich« — zu Protokoll:

»Ehemalige Fehler der Sowjetregierung bestehen nicht mehr ... Die Sowjet-Commission (in Rom) steht auf dem Standpunkt, daß sie prinzipiell und aus taktischen Gründen katholischen Missionaren nichts in den Weg legen wird. Denn erstens ist man dankbar, wenn wieder Geld ins Land käme, zweitens muß das Land aufgebaut werden, und drittens sind die russisch-orthodoxen Popen gegen die Sowjets; die katholischen Priester könnten dagegen Unterstützung durch die Sowjets finden. Man nimmt sogar in Sowjetkreisen an, daß die katholische Richtung die beste sei ...«

Das klingt geradezu abenteuerlich. Steht den Moskauer Bolschewiki wirklich so das Wasser am Hals, daß sie Weihwasser nicht mehr scheuen? Schon eine Woche später, am Heiligabend 1921, ist tatsächlich ein vatikanisch-sowjetischer Geheimvertragsentwurf zu Papier gebracht. Aber die Bescherung läßt noch bis Frühjahr 1922 auf sich warten. Erst am 12. März unterzeichnen Pizzardo und Worowski das Abkommen, und erst Monate später kann die »Päpstliche Hilfsmission«, die aus nur vierzehn Ordensleuten besteht, mit Lebensmitteln und Medikamenten aus Bari in Richtung Krim in See stechen. Seelsorge oder gar Missionieren ist der Mission ausdrücklich untersagt, überhaupt jede religiöse Betätigung, die als »politische Propaganda« gilt. Die geistlichen Helfer werden sich natürlich nicht ganz daran halten. Immerhin werden sie ja im französischen Text des Abkommens als *»agents«* bezeichnet ...

Der wirkliche Agent aber saß vorerst noch in Rom und dachte an nicht nur fromme Geschäfte. Herr von Braun — eifrig pendelnd zwischen dem Genossen Worowski und dem Monsignore Pizzardo — hatte am Tage vor der Vertragsunterzeichnung ein erstaunliches Memorandum im Vatikan und zugleich in der deutschen Botschaft abgegeben. Es schlug dem Vatikan vor, Grund und Boden in Rußland zu kaufen »zur Errichtung von handwerklichen und landwirtschaftlichen Produktionsstätten«.

Wie? Durch Beteiligung »kapitalkräftiger deutscher Finanzkreise«. Braun meinte, daß sich Banken leicht dafür gewinnen ließen, weil ihnen bei einer 50:50-Beteiligung katholischer Orden — »opferwillige Teilhaber« und eine »ausnahmsweise lenkbare Arbeiterschaft zur Verfügung steht« — nämlich Hungernde, die nicht streiken, und Mönche, für die »in der gesamten katholischen Welt gesammelt wird«. Natürlich müsse dabei, so empfahl von Braun, »möglichst laut von Hungerhilfe gesprochen werden und möglichst nicht von dem Finanz-Konsortium . . .«

»Joint Venture« nennt man derlei später. Schon damals, als das nachrevolutionäre Sowjetrußland in seine erste, scheinbar ausweglose Krise geraten war, lag das durchaus auf Lenins Linie. Seine »Neue Ökonomische Politik« (NEP), die er 1920 verkündet hatte, wollte — aus Not, nicht aus Neigung — den Kapitalisten wieder einen Türspalt öffnen. Auch Leute, die eigentlich gar kein Kapital besaßen, reizte das — etwa den katholischen deutschen Reichskanzler Joseph Wirth, der 1922 mit den Sowjets den Vertrag von Rapallo schloß; er steckte auch privates Geld in eine russische Holzkonzession (»Mologa«), die später — auf deutsche Staatskosten — Pleite machte . . . Warum also sollte nicht auch der Vatikan im Lande Lenins geschäftlich einsteigen?

Der gewinnverheißende Vorschlag komme direkt vom »Ingenieur« Worowski, so versichert Braun bedeutungsvoll dem Vatikan. Und wer war dieser »polnische Russe«, dem eigentlich der Ruf eines kommunistischen Literaten vorausging? Worowski, geboren 1877, verstand tatsächlich auch etwas von Geschäften. An der Technischen Hochschule in München hatte er studiert und war dort nicht nur von Lenin (der 1901 als Emigrant in Schwabing lebte) engagiert worden, sondern auch von der Firma »Siemens & Schuckert«. In München war Worowski dem Jurastudenten von Braun begegnet, dem »lieben Willy«, mit dem ihn nicht politische, sondern diskrete private Neigungen verbanden ... Worowski ging 1913 als hochbezahlter Siemens-Vertreter nach Stockholm und blieb dies auch noch (vorsorglich), als ihn Lenin 1916, am Vorabend der Revolution, zu seinem Vertreter in Schweden ernannte. Was Lenin dann aber in Petrograd und Moskau inszenierte, erschien Worowski trotz seiner salonbolschewistischen Sympathien wie das »komische Abenteuer« eines Träumers, als dessen »Operettenbotschafter« er sich fühlte. Und ein Rest solcher Skepsis blieb sogar, als Worowski dann erster Sowjetvertreter in Rom wurde und hier seinen Freund Willy wiedersah, der ihm die Hintertür zum Vatikan öffnete. Noch ehe freilich eine große Karriere daraus werden konnte, ist Waclaw Worowski im Mai 1923, bei einer Konferenz im schweizerischen Lausanne, von einem Mörder auf offener Straße erschossen worden ...

Doch wer war Wilhelm von Braun? »Er möchte gerne Priester werden und sich am liebsten einem Orden anschließen«, so notierte einer der Steyler Missionare, die bei der Rußlandhilfe tätig waren. Und er fügte hinzu: »Brauns väterliches Vermögen, das ihm persönlich zusteht, beträgt über eine Million ... Ob er ganz klar ist, weiß ich nicht ...« Der Zweifel hatte Gründe; nicht nur, was die Million (Goldmark oder Inflationsmark?) betraf, mit der Braun so fromm winkte. Ziemlich unernst wirkte auch, wenn er begeisternde Perspektiven ausmalte — etwa, »daß die Stunde der Gnade für Rußland bald schlagen werde, und daß dann dort eine Massenbekehrung zur katholischen Kirche bevorstünde«.

Genaues wußte in Rom niemand über von Braun — außer Giuseppe Pizzardo, den man (wie der Jesuit Muckermann notierte) unter den deutschen Klerikern in Rom spöttisch »das Mademeken« nannte, »weil er sich wie eine Frau bewegte« ... Als begabter Kuriendiplomat brachte es Pizzardo bis zum Kardinal (93 Jahre alt, starb er 1970). Seinen intimsten Jugendfreund aber trieb ein unstetes, abenteuerliches Leben durch die Welt — bis zum tragischen Ende.

Wilhelm von Braun war 1883 in Frankfurt an der Oder als Sohn eines Offiziers und Gutsbesitzers aus evangelischem preußischem Adel geboren. Nach schwierigen, spannungsgeladenen Schul- und

Studienjahren in Berlin, München und Jena, wo er das juristische Examen machte, erholt und vergnügt sich der 25jährige in der Bretagne; er wird verhaftet, entreißt verzweifelt dem Polizisten die Waffe und — schießt sich selbst in den Kopf. Er überlebt und wird im Januar 1909 zu »nur« sechs Monaten Gefängnis verurteilt. Als Gerichtsreferendar in Koblenz kann er sich »seines Privatlebens wegen« nicht halten und beschließt, sich im toleranten Italien niederzulassen. Hier wird Liebe unter Männern nicht wie im § 175 des Reichsstrafgesetzbuches (von 1871) als »widernatürliche Unzucht« bestraft.

Und auch die Papstkirche, die ihren Priestern Ehelosigkeit vorschreibt und überhaupt eine eindrucksvolle Männergesellschaft ist, scheint das »Laster« nicht so puritanisch-preußisch zu betrachten und verzeiht es jederzeit im Beichtstuhl ... So jedenfalls sieht es Wilhelm von Braun. Und so wird er, bestärkt und bekehrt von seinem (nicht nur geistlichen) Freund Pizzardo, am 4. Juni 1912 in Rom katholisch ...

Doch die Idylle wird bald durch den Ersten Weltkrieg — und Brauns Unrast — unterbrochen. Schon kurz vorher war er nach Jerusalem gepilgert; in Haifa und Damaskus war er 1913 Kameraden aus seiner Wehrdienstzeit begegnet; sie gehörten zu einer der deutschen Militärmissionen, die seit langem den verbündeten Türken halfen, ihr zerfallendes, bis zum Persischen Golf reichendes Osmanisches Reich gegen russischen und britischen Druck zu halten. Ein ostpreußischer General, Goltz-Pascha, hatte es sogar zum türkischen Feldmarschall gebracht. Und als »türkischer Hauptmann« taucht nun — in »geheimem Auftrag«, wie er Freunden schreibt — Wilhelm von Braun in Istanbul auf. Schon nach wenigen Monaten, im Frühjahr 1915, gerät er bei Batum, wo die von den Türken verfolgten Armenier scharenweise zu den Russen überlaufen, in russische Gefangenschaft.

Brieflich meldet er sich aus Lagern in Sibirien, in denen auch aufsässige Revolutionäre saßen. Aber es waren nicht politische Freundschaften, die Braun hier schloß, auch wenn er in den Wirren, die sich zusammenbrauten, gewisse bürgerliche moralische Barrieren mit Freude zusammenbrechen sah. Ihn lockte vor allem das Verschwörerische, Abenteuerliche, das in der Luft lag. Zumal, als er hörte, daß die kaiserliche deutsche Führung in Berlin einem gewissen Vladimir Iljitsch namens *Lenin* die Reise aus der Schweiz nach Rußland ermöglicht hatte, nur damit er hier 1917 den bolschewistischen Umsturz gegen das Zarenreich organisierte ...

Dreimal habe er die Flucht aus Sibirien versucht, berichtete Braun, als er noch vor Kriegsende, im Frühjahr 1918, in Berlin auftauchte.

Wieder mit »geheimem Auftrag«? Im Gepäck hatte er ein Foto versteckt, das ihn mit Lenin und Worowski zeigte. Und bald war er — nun in deutscher Hauptmannsuniform — in Oberschlesien aktiv: als Bataillionschef bei einem jener »Freikorps«, die 1920 den Polen in den Rücken fielen, während die Reiterarmee der Bolschewisten bis zur Weichsel vorstieß ...

Dann, 1921, ist es soweit: Braun wird ins geliebte Italien, nach Rom geschickt. Wo könnte er besser als hier seine alten und neuen Verbindungen miteinander verknüpfen? Pizzardo und Worowski erwarten ihn. Dem Vatikan *und* den Sowjets kann er nun dienlich sein. Aber das Glück dauert nicht lange ...

»Ich warne Sie vor Braun« — nur diesen kurzen Satz telegrafierte der päpstliche Kardinalstaatssekretär Gasparri am 22. April 1924 durch Vermittlung der deutschen Botschaft in Moskau an die vatikanische Hungerhilfs-Mission nach Rußland. Sie war nun seit eineinhalb Jahren tätig, zuerst von einem etwas hemdsärmeligen amerikanischen Jesuiten geleitet, dann von einem deutschen Pater, der sich wenigstens auf die — seit dem Rapallovertrag — guten deutsch-sowjetischen Beziehungen stützen konnte.

Denn der Vatikan selbst hatte den Sowjets immer weniger zu bieten, seine Geldquellen versiegten; von »Konzessionen« war keine Rede, weder wirtschaftlich noch kirchlich. Lenin war gestorben, Stalin regierte in Moskau, und in Rom war Benedikt XV. begraben worden, der auf den Rat des Monsignore Pizzardo bis zuletzt den guten Diensten Brauns vertraut hatte. Der neue Papst, Pius XI., hielt mehr von Diplomatie als von dunklen Mittelsmännern; er beauftragte seinen Berliner Nuntius Pacelli (den späteren Pius XII.), mit den Sowjets diskret und direkt zu verhandeln. Wilhelm von Braun ließ er aus dem Spiel, Pizzardo folgte gehorsam der neuen Linie. Und dies nahm Freund Willy so übel, daß er nun kühn behauptete: Er allein könne der vatikanischen Rußland-Mission wieder auf die Beine helfen, nämlich dann, wenn der Vatikan ihn selbst zum Leiter ernenne. Andernfalls, so drohte er sogar, werde sein Wort in Moskau genügen, um der gesamten Sache ein Ende zu machen. Phantasie? Hochstapelei? Jedenfalls hatte sich Braun damit so verraten, wie es ein Berufs-Agent nicht tun würde.

Nicht von ungefähr also verschwand er im Frühjahr 1924 plötzlich aus Rom. Ging er nach Moskau? Jenes warnende Telegramm des Vatikans an die Hilfsmission nach Moskau könnte es vermuten lassen. Aber er ließ sich dort nicht mehr sehen ...

Die Spur Wilhelm von Brauns verliert sich nun für viele Jahre. Es gibt Hinweise, daß er in China war. Mit Aufträgen? Vielleicht wieder zwischen den Fronten? Wahrscheinlich gehörte er — wie vorher in der Türkei — nun in China zu den deutschen Militärberatern, die General Tschiang-Kaischek berief, nachdem er 1926 die sowjetischen verjagt hatte. Unter diesen wie jenen gab es Namen, die Braun aus seinen Studienjahren nicht unbekannt waren — etwa den Kominternagenten Borodin, der eigentlich Michael Grusenberg hieß, oder den Oberstleutnant Kriebel, der 1923 mit Hitler in München geputscht hatte ...

Gewiß ist nur, daß Braun Ende der zwanziger Jahre schon wieder in Italien war, und zwar — im Kloster. Die Benediktiner-Abtei Cava, hoch über der Bucht von Salerno, hatte ihn — auf der Flucht vor sich selbst — aufgenommen. Natürlich nur auf Empfehlung seines alten Freundes Pizzardo — und nicht lange, denn bald gab es wieder Ärgernis und Ärger. Die nächste Zuflucht war in Rom das Kloster der Trappisten in der Via Tre Fontane, aber auch hier, wo Schweigen zur Ordensregel gehört, gab und fand Braun keine Ruhe. Er hoffte sie dann in der niederbayerischen Benediktinerabtei Niederaltaich zu finden, wo er tatsächlich — es war kein Silvesterscherz — am 31. Dezember 1931 feierlich als Novize eingekleidet wurde.

Im Alter von 48 Jahren war das ungewöhnlich. Aber »Braun soll mit einem Erbe von einer Million Mark gewunken haben, und der damalige Herr Abt war immer in Geldnöten«, so erinnert sich nach Jahrzehnten noch ein Mitbruder, Pater Mauritius. »Braun war das, was man unter einem Phantasten versteht. Viel erzählte er uns von Rußland, vom Vatikan.« Sogar das Foto, das ihn mit Lenin zeigte, trug er bei sich. Aber schon neun Monate später hatte er auch seine Bleibe in Niederaltaich verloren. Zurück nach Cava durfte er nur auf Fürsprache von Pizzardo — und wieder nicht lange. Wieder war er nicht fromm, nicht sittsam genug ...

Was Wilhelm von Braun suchte — wohl auch im Religiösen — war Geborgenheit, nachdem ihm die Flucht ins Abenteuer mißlungen war. Jahrelang verliert sich von neuem seine Spur. Daß er 1933 der Hitlerpartei beitritt, nützt ihm nichts. In München wird er im August 1935 von der Geheimen Staatspolizei in »Schutzhaft« genommen, nachdem er einen Monat Gefängnis wegen »Erregung öffentlichen Ärgernisses« verbüßt hat. »Homosexuell« — so heißt die Begründung dafür, daß er fünfeinhalb Jahre lang von Konzentrationslager zu Konzentrationslager geschleppt wird: Dachau, Buchenwald, Mauthausen und wieder Dachau und wieder Mauthausen. Die Bürokraten der Unmenschlichkeit haben in ihrer Kartei die Daten korrekt vermerkt; auch, daß er schließlich auf der Liste »prominenter Häftlinge« stand. Hatte er zu verstehen gegeben, daß er Päpste, Kardinäle und — Lenin kannte?

Im Sommer 1941, kurz nach dem Überfall Hitlers auf die Sowjetunion, ist Wilhelm von Braun im KZ Buchenwald »verstorben« ...

Quellenhinweis: Archiv d. SVD-Generalats, Rom; Polit. Archiv d. Auswärtigen Amtes (Abt. IV, Rußland, Pol. 16), Bonn; Mitteilungen aus d. Nachlaß Brauns (Dr. Eckart von Braun, Paris; Prof. Ralph von Gersdorf/Brasilien; P.M. Volk, Niederaltaich); Häftlingspapiere (Suchdienst d. Intern. Roten Kreuzes, Arolsen); »Gotha« (Adelshandbuch) 1935; Johannes Kraus, »Im Auftrag des Papstes in Rußland«, Siegburg, 1968.

4. Frommer Faschist — von Moskaus Gnaden

I.

Die Gefängniswächter trauten ihren Augen nicht. Da öffneten Soldaten der siegreichen Sowjetarmee die Zellentür und salutierten vor dem — »faschistischen Banditenchef«, der vor acht Monaten gefaßt worden war. Hocherhobenen Hauptes verließ der Häftling an diesem 2. Juli 1945 das Warschauer Zuchthaus Mokotow.

Ein ganz toller Bursche (*»genialnij maltschik«*) sei dieser Boleslaw Piasecki — so schwärmte geradezu der russische Geheimdienstgeneral Iwan Alexandrowitsch Sierow, als er dem Genossen Jakub Berman im Politbüro der polnischen Kommunisten von stundenlangen Gesprächen mit dem kaum dreißigjährigen Gefangenen erzählte. Da hatte ihm dieser Piasecki doch allen Ernstes, ja sogar mit einem schriftlich ausgearbeiteten »Geheimmemorandum« dargelegt, daß er — der Ultranationalist — bereit wäre, der großen Sowjetunion die Herrschaft über das schwierige antikommunistische Polen zu erleichtern. Nein, nicht als Agent, sondern als Patriot, Realist und — Katholik . . .

Wollte da nur einer seinen Kopf retten? So schien es, wenn man die Figur Piaseckis betrachtete, dieses bislang rechtsradikalen Außenseiters der polnischen Widerstandsbewegung. Mit seiner kleinen »National-Konföderation« (KN) hatte er im Zweiten Weltkrieg »gegen alle Erbfeinde Polens — Deutsche, Russen, Juden . . .« gekämpft — sogar mit dem Segen eines Feldkaplans, des Jesuiten Warszawski, der nun nach Rom geflohen war. Den Sowjet-General Sierow hätte es eigentlich nur ein müdes Lächeln gekostet, diesen scheinbar gefährlich Verrückten für immer verschwinden zu lassen. Aber da war nicht nur Neugier, die ihn bewog, mit Piasecki zu sprechen. Stalin, der Kreml-Herrscher selbst, hatte längst erkannt, daß sich dieses Polen, das er von Hitlers Joch befreite, nicht so einfach als Sowjetrepublik einverleiben ließ und daß es auch als Satellitenstaat nur schwer zu bändigen war. »Habt ihr einen Militärpfarrer? Glaubt ihr gar, eine polnische Division ohne Pfarrer sei polnisch?« Mit dieser zynischen und doch ganz ernst gemeinten Frage hatte Stalin jene kleine Gruppe polnischer kommunistischer Emigranten schockiert, unter deren Regie 1943 eine Truppe aus (1939 gefangenen oder geflüchteten) Polen zum Kampf gegen die Deutschen aufgestellt wurde. Um Stalins Anweisung zu entsprechen, »entführte« man bei einer nächtlichen Luftlandeaktion einen schlesischen Priester namens Wilhelm Kubsz; er war freudig überrascht, als er am Oka-Fluß in Sibirien nicht in einem Lager, sondern vor einem — Feldaltar landete und sogleich die Soldaten auf Gott und das Vaterland vereidigen mußte (siehe Seite 64).

Jetzt, wenige Monate nach Kriegsende, bot sich in der merkwürdigen Person des Boleslaw Piasecki vielleicht eine Gelegenheit, den für eine (ohnehin erst allmählich entstehende) kommunistische Diktatur so gefährlichen polnischen Katholizismus und Nationalismus zu beschwichtigen, auszutricksen, wenn nicht gar zu spalten. Oder war es umgekehrt: Der junge, schlaue Ehrgeizling wollte aus der Not eine Tugend machen und die Kommunisten, nicht nur die Katholiken, »unterwandern«? Beides lag in der Luft, als Piasecki im Sommer 1945 zu langen Gesprächen von Gomulka empfangen wurde, jenem Parteichef, der später selbst als »Nationalkommunist« stürzte und 1956 wieder auferstand. Gomulka genehmigte Piasecki zunächst einmal die Gründung einer Zeitschrift mit dem harmlosen Titel »Heute und Morgen« (Dzis i Jutro), und er vermittelte ihm die »Bekanntschaft« einer Dame.

Julia Bristigierowa, genannt »Luna«, war hübsch, intelligent, eiskalt und kokett; ganz privat schrieb sie Gedichte, die sogar gedruckt wurden, doch von Beruf war sie Polizeioffizier. Schon in Moskau war sie damit beschäftigt gewesen, der polnischen Division den Pfarrer zu besorgen; jetzt war sie als Direktorin der V. Abteilung des Sicherheitsministeriums für »Kirchenangelegenheiten« zuständig. Auch für die Erforschung (sie hatte in mittelalterlicher Geschichte promoviert) und schlaue Nutzung etwaiger »Sünden« im Privatleben geistlicher Herren ... So manchen von ihnen stellte sie selbst auf die Probe ... Piasecki, der ja kein Kleriker war, mußte und wollte sich ihrem Charme nicht entziehen, obschon sie zwölf Jahre älter war. Und »Frau Luna« war es, die ihm nun einen beispiellosen politischen, ja geschäftlichen Aufstieg sicherte.

Denn dieser »tolle Bursche« wollte ja kein Agent sein, kein Geld aus Moskau oder der Warschauer Partei- oder Staatskasse nehmen. Als ein gleichsam konzessionierter politischer Ketzer wollte er auch privat etwas Einzigartiges werden: der erste und größte Kapitalist im kommunistischen Block. Und wirklich: Innerhalb eines Jahrzehnts konnte Piasecki unter dem Dach einer Gesellschaft mit dem schönen Namen *»PAX«* sein monopolartiges Verlags- und Firmenimperium aufbauen. Er druckte nicht nur katholisch getönte Zeitungen in einer Auflage von 330.000 Exemplaren und Millionen Bücher, vom Roman (auch manches westlichen katholischen Autors) bis zum Gesangs- und Gebetbuch, er beherrschte bald auch in ganz Polen die Produktion und den Handel mit frommen Gegenständen — vom Heiligenbildchen bis zum Kelch und Kerzenleuchter. Der so gesicherte Geldregen, aber auch die guten Beziehungen nach »oben« machten Piaseckis »PAX« zur stets fruchtbaren Anlaufstelle, zur Zuflucht armer und verfolgter Kleriker, enteigneter Adliger, heimatloser Linker, katholischer Liberaler und Nationalisten. Auch Bischöfe, ja sogar der Kardinalprimas selbst, begannen die guten Dienste Piaseckis zu schätzen, zumindest in den ersten stalinistischen Jahren.

Da saß dieser Herr Piasecki, der alle duzte, wie ein Fürst in seinem prächtigen Arbeitszimmer in der Warschauer Mokotowskastraße 43 und regierte. Ohne Kommandoton. Stets strahlte er Ruhe und Sicherheit aus, nie hob er die Stimme — und nicht nur wegen der in den Wänden versteckten Mikrofone (die — weil sowjetischer Bauart — ohnehin schlecht funktionierten). Piasecki hatte ja seinen eigenen, privaten Draht zu »Frau Luna«. Manchmal traf er sich mit ihr — nein, nicht im Mondenschein, sondern noch bei Tageslicht; bevor er mit seiner Jaguar-Limousine in die Luxus-Villa zu Frau und Kindern heimkehrte, saß er oft mit der oberen Kirchenpolizistin in einem Café. Und da wurde dann auch politisiert, philosophiert, ideologisiert ...

So hatte man gemeinsam schon Piaseckis programmatischen Startschuß vorbereitet, der am 25. November 1945 in der Nr. 1 seiner neuen Zeitschrift erschienen war — ein halbes Jahr nach Kriegsende:

»... Es muß nicht bewiesen werden, daß die Sowjetunion nicht will, daß es eine ihr politisch feindlich gesinnte polnische Regierung gibt. Klar ist auch, daß der vorherrschende Faktor bei

Boleslaw Piasecki in seinem PAX-Büro. *Foto: R. Rzepecki.*

der sozial-ökonomischen Revolution das *materialistische* Lager ist; klar ist ebenso, daß dieses Lager den Sieg der materialistischen Weltanschauung wünscht. Aber zugleich ist wahr, daß es in Polen *spiritualistische* Kräfte gibt, die — indem sie die gesellschaftlichen und wirtschaftlichen Veränderungen billigen — zugleich die katholische Weltanschauung verbreiten. Entscheidend ist daher die Frage der Zusammenarbeit zwischen Materialisten und Spiritualisten beim Aufbau Polens bei gleichzeitiger Erhaltung der ideellen Grundlagen beider Bewegungen . . .«

Simpler, harmloser und langweiliger konnte das Dramatische, das da verkündet wurde, nicht formuliert werden. Denn mit diesen Sätzen stellte Piasecki ein Grunddogma der Kommunisten in Frage: ihren ideologischen, auch atheistischen Totalitätsanspruch. Und dies um den Preis der Kollaboration. Sogar ein neues Wortungeheuer erfand Piasecki dafür: *»wieloświatopogladowość«* — wörtlich: »Vielweltanschaulichkeit«, womit schlicht Pluralismus gemeint war. Also das, womit die Kommunisten nichts (allenfalls etwas aus Taktik) im Sinn hatten. Auch der PAX-Chef selbst konnte sich damit nur schwer glaubhaft machen. So jung er noch war, seine eigene Vergangenheit stand ihm im Wege. Sein Dossier lag ja in den Polizeiaktenschränken Frau Lunas stets bereit — eine schillernde Lebensgeschichte.

II.

Schon als zwanzigjähriger Jurastudent war Piasecki 1934 bei rechtsradikalen Ausschreitungen verhaftet und mit zwei Monaten Internierungslager bestraft worden. Dennoch gründete er 1935 seine »Phalanx« (*»Falanga«*), die bald fünftausend Mitglieder zählte; ihre »Sturmabteilung« — nach dem Muster von Hitlers SA — wurde berüchtigt, weil sie jüdische Geschäftsleute überfiel und »linke« Gegner terrorisierte. Aber als Vorbild wollte Piasecki weder die deutschen Nazis noch die italienischen Faschisten gelten lassen: Ein wenig bewunderte er zwar die einen wie die anderen, aber sie waren ihm nicht radikal — und fromm genug. Sein Programm, das er 1937 predigte, schwärmte von einem »Katholischen Staat Polnischer Nation, der die Völker Mitteleuropas gegen Kommunismus und Pangermanismus führen wird«. Piasecki hatte nur das Pech, daß einer seiner lautesten Falanga-Propagandisten ein aus Berlin bezahlter Agent war:

»Stanislaw Brochwicz« nannte sich dieser zweisprachige Herr von Brauchitsch, ein Journalist, der zeitweilig sogar polnischer Radiokorrespondent in Wien und Rom gewesen war. Erst kurz vor dem deutschen Überfall auf Polen 1939 entdeckte Piasecki die Doppelrolle seines eifrigen Mitarbeiters und denunzierte ihn diskret bei jener Staatspolizei, die ihn selbst überwachte. Ein Todesurteil gegen den »Spion und Verräter« war schon gesprochen, als Hitlers Blitzkrieg gegen Polen, im September 1939, Brochwicz den Kopf rettete. Nur wenige Monate vergingen, bis man ihn — jetzt wieder als Brauchitsch — in Warschau auftauchen sah: in der schwarzen Uniform des SS-Offiziers mit dem Totenkopf auf der Mütze. Und schon im Dezember hatte er es geschafft, den untergetauchten »Verräter« Piasecki aufzuspüren und persönlich in das Warschauer Gestapo-Gefängnis einzuliefern.

Faschisten unter sich — eine Tragikomödie? Ihre vorläufige Schlußpointe wurde bald aus dem italienischen Mutterland des Faschismus geliefert. Piaseckis rettender Engel — schön, reich, mutig, abenteuerlustig — erschien aus Rom: Luciana Frassati, Tochter des FIAT-Großaktionärs und Gründers der Turiner »La Stampa«, Frau des polnischen Botschafters Gawronski in Wien (bis zum »Anschluß« 1938), 36jährige Mutter von sieben Kindern und Freundin vieler interessanter Männer. In ihren Memoiren hat sie ihre sechs Gespräche mit Benito Mussolini wörtlich aufgezeichnet. Schon bei einer Begegnung am 10. Juni 1939 empfiehlt sie dem »Duce« »einen jungen, sehr aktiven, intelligenten und modernen Polen« — gemeint war Piasecki — und macht zugleich auf die Bedrohung Polens durch die Deutschen aufmerksam. Als Mussolini schweigend reagiert, versucht Luciana Frassati den starken Mann im privaten Plauderton weich zu stimmen. Ob er eigentlich ein Heiliger sei, fragt sie.

»Gewiß nicht, mein Fleisch erlaubt es nicht — das habt Ihr wohl schon gehört«, sagte Mussolini.

Luciana Frassati: »Gewiß kann man Euch auf diesem Gebiet nicht mit Hitler vergleichen ...«

Mussolini: »... Immer gehe ich in dieselbe Falle, und ich glaube, daß ich da immer straucheln werde — natürlich, solange ich kann. Und das hindert mich, ein Heiliger zu sein.«

Luciana Frassati: »Da seid Ihr nicht der Einzige in dieser Welt. Ich habe mich immer gefragt, was die Tugend im Greisenalter wert ist ...«

Dann spricht man über Urlaubspläne und verabredet sich für September. Doch da ist schon Krieg: Luciana flieht mit ihrer Familie aus Polen nach Italien und — kehrt nach Warschau zurück, geschützt durch einen italienischen Diplomatenpaß.

Schon im November knüpft sie — nach eigener Aussage — »häufige Kontakte mit der Gestapo« an, also mit Hitlers Geheimpolizei in Warschau. Nicht nur, um Verbindungen und Fluchtwege polnischer Widerstandsgruppen nach Westen offenzuhalten; sie selbst bringt die Frau des polnischen Exilregierungschefs Sikorski über die Grenze, und auf dem Rückweg schmuggelt sie Geld für die Untergrundkämpfer. Um aber ihren »jungen Freund« Piasecki zu befreien, scheut sie sich nicht, sogar den Warschauer Gestapo-Chef Meisinger persönlich aufzusuchen. Während eines feuchtfröhlichen Festes, das sie vom diplomatischen Geschäftsträger Italiens für Meisinger und andere hohe Besatzungsbeamte organisieren läßt, gelingt es ihr, einen Aufschub des Verfahrens gegen Piasecki zu erwirken, eine Besuchserlaubnis für seine Braut Halina und — für sich selbst.

»Habt Ihr wirklich diesen Gestapo-Meisinger kennengelernt?« — fragte Mussolini, als ihn die Signora Frassati-Gawronska endlich am 8. und 9. Januar 1940 wieder im römischen Palazzo Venezia besuchen kann.

»Sogar lange gesprochen habe ich mit ihm. Er ist ein wirkliches Monster: kleiner Kopf auf riesigen Schultern, zwei Zentimeter lang hängen die Lippen ... Ich ging zu ihm, um jenen so wertvollen jungen Mann vor der Erschießung zu retten ... Nun müßte man ihn aus dem Gefängnis befreien.«

Mussolini: »Habt Ihr seine Personalien?«

Frassati: »Ich werde sie Euch sofort schicken.«

Am 16. April 1940 war Piasecki frei — und verschwand. Als ihn drei Wochen später ein deutsches Sondergericht »in Abwesenheit« zum Tode verurteilte, schrieb er schon irgendwo in den Wäldern (und manchmal auch in einem Hinterzimmer der Warschauer Wohnung der Signora Luciana) an seiner »Großen Polnischen Nationalideologie«; gegen Russen, Deutsche — und Juden. Im Herbst 1940 begann er mit seiner kleinen »Konfederacja Narodowa« bewaffnete Aktionen. Meistens kämpften sie gegen die deutsche Besatzung und — ab 1942 — gegen sowjetische Partisanen, auch als fanatische, unzuverlässige Verbündete in der polnischen »Heimatarmee« (AK), die von London aus gesteuert wurde. Während sich die Alliierten der Anti-Hitler-Koalition über die schwierige politische Nachkriegsordnung den Kopf zerbrachen, forderte Piasecki auf Flugblättern »die Zerschlagung Rußlands — gleich ob es rot oder weiß ist« und träumte von einem Polen bis zum Schwarzen Meer...

III.

Ein jähes Erwachen war es, das Piasecki dann 1944/45 im sowjetischen NKWD-Gefängnis erlebte. War es das Ende seiner Utopie? Die Gelegenheit, sein Leben in eine neue Existenz zu retten — warum hätte er sie nicht ergreifen sollen? Nur weil sie ihm ein Moskauer General und eine polnische Kommunistin anboten? Schließlich war es doch, so meinte er, seine alte national-katholische Schiene, auf der er weiterfahren durfte, auch wenn die Kommunisten nun die Weichen stellten.

Da schritt ja im ersten Nachkriegsjahr sogar der polnische Staatspräsident Bierut, artig den Hut in der Hand, in der Warschauer Fronleichnamsprozession. Und nicht weit von ihm, mit gefalteten Händen, Piasecki. Bald ging er auch beim neuen Primas Wyszynski ein und aus, denn dieser wußte — bei allem Argwohn — die guten

Beziehungen Piaseckis nach »oben« zu schätzen. So war er es, der 1950 in Polen das erste Abkommen zwischen einer kommunistischen Regierung und der Kirche einfädelte — zum Schrecken des Papstes in Rom, der 1949 jede Zusammenarbeit von Katholiken und Kommunisten mit Kirchenausschluß bedroht hatte. Primas Wyszynski machte sich freilich wenig Illusionen — auch nicht über seinen eifrigen Vermittler. Nicht lange reichte die Atemluft. Während Piaseckis Aufstieg zum kapitalistischen Großunternehmer »im« Sozialismus unaufhaltsam erschien, sank sein begrenzter Kredit bei der Kirche. Zumal als er einen Verein »Patriotischer Priester« finanzierte und am 2. März 1953 — drei Tage vor Stalins Tod — in einem Zeitungsaufsatz der Kirche gleichsam ein Ultimatum stellte: Nur zwei Wege gebe es jetzt für den Katholizismus — entweder Unterstützung des bürgerlichen Kapitalismus oder Mitarbeit beim Aufbau des Sozialismus.

Frau »Luna« hatte sich nicht verrechnet, als sie Piasecki zu diesem Vorstoß angestiftet hatte. Polens Bischöfe protestierten heftig: »Non possumus — wir können nicht!« Vergebens versuchte sich Piasecki bei Primas Wyszynski noch einmal Gehör zu verschaffen. Nur »Luna« Bristigierowa, die »amtlich« um Audienz bat, konnte fast eine ganze Nacht auf den Primas einreden. »Das ist eine schreckliche Frau!« — sagte Wyszynski am nächsten Morgen zu seinem Sekretär.

Tage danach, im September 1953, wurde der Kardinalprimas verhaftet und drei Jahre lang interniert. Piasecki empfand es als seine Niederlage und gab doch nicht auf. Hatte er nicht auch — so tröstete er sich — wieder einmal Schlimmeres, etwa einen stalinistischen Schauprozeß, verhindert? Als jedoch 1956, im polnischen »Tauwetter«, zum erstenmal das stalinistische System aufweichte, verpaßte Piasecki die Chance und nahm sogar in Kauf, daß viele seiner Freunde empört auf ihre Pfründe verzichteten und die »PAX«-Organisation verließen. Denn Piasecki, zum letztenmal beraten von Frau »Luna«, beschwor nun gegen den »Luxus unverantwortlicher Diskussion« den »Staatsinstinkt«. Die stürmische Abrechnung mit dem Stalinismus müsse, so schrieb er, in einen

»verantwortlichen Rahmen« gefaßt werden, sonst könnte es notwendig werden ...

» ... die Staatsraison brutal und unter Umständen zu realisieren, die einer Ausrufung des Ausnahmezustandes ähnlich sind ...«

Eine Drohung? Oder war es nur eine Warnung an diesem 16. Oktober 1956, zehn Tage, bevor damals in Ungarn die Freiheitsbewegung durch eine sowjetische Intervention blutig niedergeschlagen wurde. Zornige Polen sahen in Piasecki jetzt nur den »roten Faschisten«, den Moskauer Agenten. Doch eine Schreckensnachricht milderte die Wut, ja ließ Mitleid mit Piasecki aufkommen: Am 22. Januar 1957 wurde sein siebzehnjähriger Sohn Bohdan entführt und elf Monate später ermordet aufgefunden. Niemals wurden die Täter oder auch nur ihre Motive aufgedeckt ...

Diese Tragödie hat den Rest des Lebens von Piasecki überschattet. Zwar blühten seine Geschäfte, die politischen wie die wirtschaftlichen, auch in den folgenden zwei Jahrzehnten. Die immer wiederkehrenden Krisen Polens verstand er zu überleben. Doch sein Traum, eine katholische Partei zu gründen, ging nicht in Erfüllung. Kirche und Regime hielten zu ihm Distanz. Ein Glückwunschtelegramm, das Parteichef Gierek zu seinem 60. Geburtstag schickte, durfte auf Anweisung der Zensur nicht einmal in der PAX-Presse veröffentlicht werden. Und vergebens war Piasecki nach Rom gepilgert, um durch Vermittlung seiner alten Freundin Luciana Frassati im Vatikan vorsprechen zu dürfen. Am 14. Dezember 1962 schrieb der Mailänder Erzbischof Montini, der spätere Papst Paul VI., an die »gentilissima Signora Frassati«:

»Ich bitte Sie, bringen Sie Herrn Piasecki davon ab, zu mir zu kommen ... Sagen Sie ihm, daß ich für sein Land größte Achtung und Sympathie empfinde ...«

Mit gemischten Gefühlen von Stolz und Furcht erlebte Piasecki noch, daß 1978 ein Pole Papst wurde; wenig später, in der Neujahrsnacht 1978/79 starb er. Kardinalprimas Wyszynski notierte in seinem Kalender: »Ich höre nicht auf, für Boleslaw Piasecki zu beten, und ich wiederhole immer wieder, daß ich ihm alles vergebe, womit er die Arbeit der Kirche erschwert hat.« Ein Jahrzehnt später, nach der großen Wende, war auch Piaseckis Imperium, die PAX, am Ende.

Nur Luciana Frassati-Gawronska hatte noch einmal einen großen Auftritt: Am 20. Mai 1993 verlieh Staatspräsident Lech Walesa der 91jährigen Dame den höchsten Verdienstorden Polens und empfing sie im Warschauer Schloß Belvedere. »Vor allem ein Wort drückt unsere Gefühle in diesem Augenblick aus: Solidarność«, sagte Walesa. Von Piasecki sprach niemand mehr...

Quellenhinweis: Antoni Dudek/Grzegorz Pytel: »Boleslaw Piasecki. Próba biografii politycznej«, London, 1990; Andrzej Micewski: »Katholische Gruppierungen in Polen«, München, 1978; Andrzej Micewski: »Katolicy w potrzasku«, Warschau, 1993; Luciana Frassati: »Il destino passa per Varsavia« (1. Ausg.), Bologna, 1949; (2. Ausg.) Milano, 1985; »Prawda o PAX-ie i Piaseckim«, London, 1968; Aufz. d. Verf. über Gespräch mit Piasecki (Sept. 1956); »La Stampa«, Turin, 21.5.1993, S. 11.

5. Doppelspieler zwischen den Fronten

War die harmlose Maus eine gefährliche Ratte, ein Ungeheuer? Monsignor Montini erbleichte: Er, der im vatikanischen Staatssekretariat Pius XII. behutsam die Fäden zu ziehen pflegte und später einmal selbst auf den Papstthron steigen würde (als Paul VI.) — er las mit fassungslosem Staunen, was ihm der Privatsekretär Seiner Heiligkeit, der deutsche Jesuit Robert Leiber, brieflich mitteilte: Ein »gewisser Herr Ascher aus Stockholm«, der im Mai 1941 nach Rom gekommen war und — mit einer Empfehlung sogar des päpstlichen Nuntius in Berlin — viele Gespräche geführt hatte, auch mit Montini und Leiber —, dieser Gabriel Ascher sei, so schrieb Leiber am 26. Juni, ein »sehr gefährlicher Agent« der Geheimpolizei Hitlers.

»Topolino«, Mäuschen, hatte man den kleinen, rührigen, ebenso freundlichen wie eifrigen jungen Mann genannt, der Mitte der dreißiger Jahre zum erstenmal nach Rom gekommen war. Früher schon hatte er in der Papstkirche eine religiöse, aber auch politische Zuflucht gefunden. Denn Ascher stammte aus einer jüdischen Familie; 1901 war er im schlesischen Freiburg geboren (das heute Swiebodzice heißt), einer Kleinstadt, in deren Schloßruine just in jenem Jahr 1941 ein Ausweichbunker für Hitler gebaut wurde ...

Zu dieser Zeit war Ascher längst emigriert. In Palästina hatte er sich als Journalist zunächst für die zionistische Bewegung eingesetzt, die das Land wieder zur Heimstatt der Juden machen wollte und deshalb — bis 1938 sogar durch umstrittene Abkommen mit den Nazis — die jüdische Auswanderung organisierte. Derlei Widersprüchliches mag dazu beigetragen haben, daß Ascher bald in anderer zwielichtiger, wenn auch frommer Gesellschaft landete. Im Benediktinerkloster auf dem Berg Zion in Jerusalem lernte er einen Mann kennen, der ihn nach klugen Gesprächen nicht nur zum katholischen Glauben bekehrte und taufte, sondern beiläufig auch in die hohe Schule geheimdienstlicher Künste (und Überlebenskünste) einweihte:

Es war der deutsche Pater Hermann Keller. Ähnlich wie Ascher war auch er unfreiwillig, freilich aus einem anderen Anlaß, ins Heilige Land gekommen. Einer peinlichen Affäre wegen hatte ihn sein Abt aus dem schönen süddeutschen Benediktinerkloster Beuron verbannt. Denn der kluge, ehrgeizige Keller, der 1935 — kaum dreißigjährig — schon zum Prior befördert worden war, pflegte nicht nur in stillem Einverständnis mit dem Abt ständige Kontakte zur Geheimen Staatspolizei, um bedrohte Regimegegner zu warnen und Verfolgten, auch Juden, zu helfen. Er nutzte diese Beziehungen auch zu einer handfesten Intrige, um Karriere zu machen: Als der Abt nach Rom gereist war, warnte ihn Keller vor einer Rückkehr nach Beuron, denn es drohe ihm eine Verhaftung wegen Devisenvergehens — eine Anschuldigung, die in den dreißiger Jahren eine beliebte Methode der Nazis war, um gegen unbequeme Kleriker vorzugehen. Der Beuroner Abt hatte tatsächlich für eine Klostergründung in Japan Geld dorthin überweisen lassen, aber der Staatsanwalt hatte — anders als Keller zu wissen behauptete — keinerlei Beweise in der Hand und ließ dies sogar in Beuron wissen. So verlor Pater Keller sein Spiel und landete nicht auf dem erstrebten Sitz des Abtes, sondern strafversetzt in Palästina. Freilich nicht lange ...

Geradezu unentbehrlich scheint nämlich der schlaue Mönch dank seiner Polizeikontakte geworden zu sein. Zumal er auch in Jerusalem allerlei Freundschaften schloß; so mit einem arabischen Würdenträger, dem Großmufti von Jerusalem, Hadschi Amin (der — von Keller vermittelt — im Zweiten Weltkrieg als Verbündeter Hitlers nach Deutschland übersiedelte), und so auch mit jenem Juden Gabriel Ascher. Ihn hat Keller dann 1939, als er selbst aus der »Verbannung« wieder nach Beuron zurückkehren durfte, nach Rom geschleust. Und zwar als Sekretär und Horcher ins Büro Friedrich Muckermanns, eines Jesuiten, der als publizistischer Gegner der Nazis aus Deutschland geflohen und weiter aktiv war. In hinterlassenen Aufzeichnungen erinnerte sich Muckermann später in merkwürdigen Sätzen an Ascher:

»... Da der an sich sympathische kleine Mann doch wieder ein geradezu verbotenes jüdisches Gepräge hatte, gab (er)... mir reichlich Gelegenheit, ohne ein Wort zu sagen, doch in aller Öffentlichkeit, einfach durch die Tatsache dieses gepflegten Umgangs, gegen den Rassismus zu protestieren ... Ascher verstand es meisterhaft, sich in katholische Kreise zu infiltrieren. Bei päpstlichen Audienzen ging er als mein Privatsekretär schön mit, hielt sich zunächst im Hintergrund, war aber beim Schlußsegen bestimmt in der ersten Reihe. Ascher, von uns *»topolino«* (Mäuschen) genannt, kam hinter viele Geheimnisse, aber doch wieder so, daß ihm das metaphysische Geheimnis des Nazismus ein Buch mit sieben Siegeln blieb ...«

Ahnte Muckermann vielleicht, daß sein emsiger Helfer auch Polizeispitzel war? Von einem anderen seiner Mitarbeiter, dem biederen Schwaben Engelfried, wußte er es genau. Dieser sei, so meinte Pater Muckermann, auf dem »schlüpfrigen Weg« seiner Homosexualität zum Naziagenten geworden. Doch dazu hatte es gar keiner solchen Erpressung bedurft. Engelfried hatte sich nämlich selbst angeboten, sogar in einem schwülstigen Brief an Hitler:

»Mein Führer! Von nun an gehört jeder Schlag meines Herzens und alles, was ich bin und habe, Ihnen! Als Sekretär von Muckermann war ich mit ihm im letzten Winter in Wien und sah so richtig, was in klerikalen Kreisen gespielt wird und wie sie sich hinter den Juden verstecken ...«, so schrieb Engelfried am 18. August 1938, fünf Monate nach dem »Anschluß« Österreichs. Zu dieser Zeit hatte Pater Muckermann Wien wie Rom schon wieder verlassen und war nach Frankreich weiteremigriert. Sein gefährlicher »Schatten« Engelfried war in Rom geblieben.

Und Ascher? Dessen Spur schien sich zu verlieren. Daß er 1939, noch rechtzeitig vor Kriegsbeginn, in Schweden untergetaucht war, wußten nur seine Auftraggeber und Gönner. Und zu diesen gehörten nicht nur fromme Geheimdienstler wie der Beuroner Pater Keller oder Erik Müller, der katholische Bischof von Stockholm (der aus Bayern stammte), sondern auch eine liberale Schweizer Zeitung, die *»Basler Nachrichten«*. Für sie schrieb

Ascher nun jahrelang als anonymer Journalist unter der Überschrift »Vatikanisches« — aus Stockholm. Trotz der beträchtlichen geographischen Entfernung, die den Lesern verborgen blieb, schienen seine Artikel und Kommentare die eines »Insiders« zu sein; sie beeindruckten sogar einen besonders sachkundigen Leser des Blattes: den Papst.

»Dringend! Noch heute publizieren!« schrieb Pius XII. mit spitzer Feder, am 14. Oktober 1939 auf den Entwurf eines Sonntagsleitartikels für das Vatikanblatt *»L'Osservatore Romano«*. Da wurde gleich zu Beginn mit höchstem Lob »ein langer Bericht aus Rom« erwähnt, den die »Basler Zeitung« zehn Tage vorher veröffentlicht hatte: Ascher verteidigte den Papst gegen den Vorwurf, angesichts der Tragödie Polens nach dem deutschen Angriff gleichgültig zu sein. Überhaupt zeigte Ascher in seinen Artikeln deutliche Sympathie für das leidende katholische Polen, vermied jedoch — nicht nur aus Rücksicht auf die in der neutralen Schweiz erscheinende Zeitung — kritische Bemerkungen über Hitlers Politik; allerdings betonte er, der Papst sei »nicht blind« bei der Betrachtung dessen, was in Deutschland vorgehe ...

Plötzlich jedoch, im Juli 1941, gab der anonyme Korrespondent der »Basler Nachrichten« zu erkennen, daß er nach »dreijähriger Abwesenheit« nun direkt aus Rom berichtete: er habe deutsche Soldaten gesehen, die bei einer Führung durch den Petersdom zuerst scheinbar gleichgültig an der Statue des Apostelfürsten vorbeigegangen, dann aber doch schnell zurückgeeilt seien, um unbeobachtet den großen Zeh des Heiligen Petrus zu küssen ...

Ascher selbst hatte in Rom freilich andere Heimlichkeiten im Sinn. Unheimlich erschien es seinen alten Bekannten im Benediktinerkloster San Anselmo auf dem Aventin, daß Ascher jetzt plötzlich »mitten im Krieg« auftauchte und erzählte, er, der nach Schweden emigrierte Jude, sei mit einem deutschen Transitvisum über Berlin (!) nach Rom gereist — als Journalist ...

In Wirklichkeit hatte Ascher auf seiner Durchreise in der Reichshauptstadt einen handfesten Auftrag erhalten, hinter dem auch sein Beuroner Freund Pater Keller steckte. Dieser war inzwischen aus der Mönchskutte in die Uniform geschlüpft, bei der Arbeit freilich als Zivilist getarnt. Denn Keller war nun für zwei — oft gegeneinander konkurrierende — deutsche Geheimdienste tätig: für den ganz auf Hitler eingeschworenen des »Sicherheitsdienstes« (SD) und für die teilweise mit dem Widerstand verbundene militärische »Abwehr«. In deren Auftrag war ein Münchener Rechtsanwalt und katholischer Regimekritiker, Josef Müller, schon bald nach Kriegsbeginn im Herbst 1939, nach Rom gereist. Über den britischen Vatikangesandten versuchte er dort Friedensmöglichkeiten »im Falle eines Regimewechsels in Deutschland« zu sondieren.

Josef Müller (der später als »Ochsensepp« und bayerischer CSU-Vorsitzender bekannt wurde) nutzte für sein brisantes Unternehmen alte Freundschaften, vor allem mit dem Papstsekretär Robert Leiber; Müllers Pech jedoch war es, daß einer seiner »Abwehr«-Kollegen bei einem feucht-fröhlichen Gelage mit Pater Keller alles über diese »römischen Gespräche« des geheimdienstlichen Widerständlers ausplauderte und daß Keller seine »Entdeckung« sofort weitermeldete. Schlimmer noch: Als Müller im Frühjahr 1940 mit Hilfe seiner Romkontakte die Westmächte sogar über den Angriffstermin der deutschen Armeen gegen Frankreich, Belgien und die Niederlande informierte, wurde die alarmierende Nachricht, die der belgische Vatikangesandte nach Brüssel funkte, in der Berliner SD-Zentrale abgehört und entziffert.

»Der Verräter muß gefunden werden!« brüllte Hitler. Alsbald schickte der »Abwehr«-Chef General Canaris (augenzwinkernd) seinen Vatikanexperten Müller wieder nach Rom, damit er — gegen sich selbst ermittle. Zugleich aber meldete sich Müllers Konkurrent, der Benediktiner Keller, bei seinen Berliner Nazifreunden und empfahl, den »katholischen Juden Siegfried Stern« (das war Aschers Agentenname) von Stockholm schnell nach Rom zu schicken und dort auf die Spur des »Verräters« zu setzen.

So also war Ascher im Frühjahr 1941 wieder nach Rom gelangt, hatte seine alten Bekanntschaften aufgewärmt, dabei Wichtiges erfahren, aber auch Mißtrauen erregt. Freilich, erst Wochen später, am 26. Juni 1941, schrieb der Papstsekretär Leiber seinen (zu Beginn dieses Kapitels zitierten) Brief an das vatikanische Staatssekretariat mit der Warnung vor dem »gefährlichen Agenten« Ascher. Inzwischen nämlich war auf dem Schreibtisch Leibers ein ziemlich genauer Bericht über das gelandet, was Ascher auf der Rückreise seinem Berliner Auftraggeber erzählt hatte: Niemand anders als Josef Müller sei der Übeltäter, im Sumpf des Vatikans blühe der Verrat. Wer aber berichtete über diesen Bericht Aschers an Leiber nach Rom? Wiederum Josef Müller...

Der geheimdienstliche Kreis schloß sich also — und es war doch kein bloßer Kurzschluß. Die Männer des Widerstands in der Berliner »Abwehr«-Zentrale hatten das Erkundungsergebnis Aschers einfach unter den Tisch fallen lassen, den Agenten gut bezahlt und wieder nach Stockholm zurückgeschickt. Warum fürchteten sie eigentlich nicht, daß Ascher sein hochbrisantes Wissen *gegen* sie weiterverwenden könnte? Nur weil der — nicht minder zwielichtige — Pater Keller für ihn bürgte? Oder weil sie von einem anderen, dem allergrößten Geheimnis Aschers wußten...?

»Ich werde meine Pflicht bis zum letzten Augenblick tun« — mit diesem Satz endet ein Brief, den Ascher am 2. Januar 1940 nach London geschrieben hatte. Nach dem Krieg fand man das Schreiben bei den Papieren des britischen Außenministers Lord Halifax; es war an dessen Freund Rennie Smith, einen scharfen Kritiker des Hitler-Regimes, gerichtet. Vorsichtig, aber deutlich bot Ascher seine Dienste an und wies darauf hin, daß sogar Pius XII. alle seine Artikel in der »Basler Zeitung« lese und — er selbst nicht wisse, »wie lange meine Ersparnisse noch reichen«...

Emigranten, politisch und rassisch Verfolgte, die in Schweden Asyl gefunden hatten, mußten auf vielfältige Weise um ihr Überleben kämpfen. Die Neutralität Schwedens, das zugleich Umschlagplatz von Geheimdiensten aller Kriegsführenden war, bot Möglichkeiten und steckte Grenzen. Ein Kollege Aschers, Immanuel Birnbaum, der aus Stockholm für die »Basler Nachrichten« schrieb (nach dem Krieg war er in der Chefredaktion der »Süddeutschen Zeitung« in München), wurde 1940 sogar von einem schwedischen Gericht wegen »unerlaubter

Nachrichtentätigkeit« zu einigen Monaten Haft verurteilt. Auch Gabriel Aschers Korrespondenz wurde gewiß überwacht: Seine Doppelrolle — oder gab es nur eine Hauptrolle? — konnte den Kontrolleuren schwerlich ganz entgangen sein. Unbehelligt lebte er in seiner bescheidenen Stockholmer Parterrewohnung in der Observatoriegatan Nr. 17 auch nach dem Krieg noch neun Jahre lang, bis er, kaum 53jährig, starb — »staatenlos«, wie der Totenschein vermerkte, und »römisch-katholisch« . . .

Ein stilles, nur vom Rheinwein manchmal angeheitertes Gedenken bewahrte ihm sein Mitspieler im großen Verwirrspiel: Pater Keller. Der zog sich bis zu seinem Tod 1970 in die Nähe von Kempen zurück, als Hauskaplan in einem Nonnenkloster . . .

Quellenhinweis: Aufzeichnung des Verf. über ein Gespräch mit P. Paulus Gordan OSB am 26.6.1993; Robert A. Graham in »Civiltá Catolica« Nr. 31987/1983; Friedrich Muckermann: »Im Kampf zwischen zwei Epochen. Lebenserinnerungen«, Mainz, 1973; Josef Müller: »Bis zur letzten Konsequenz«, München, 1975; ADSS (Vat. Akten des 2. Weltkriegs) Bd. 3, 1967, S. 96; Conor Cruise O'Brien: »Belagerungszustand. Die Geschichte des Zionismus«, Wien, 1988; Engelfrieds Brief an Hitler. Archiv d. Auswärtigen Amtes (N.A.T. — 120, Roll 70, Frames 55947 — 52).

6. Ein Russe in Rom …

»Still!« — flüsterte der russische Krankenpfleger dem amerikanischen Häftling zu — auf italienisch. Die beiden kannten sich aus besseren Tagen in Rom. Jetzt, 1952, begegneten sie sich in einem der schrecklichen Zwangsarbeits-Lager Stalins bei Norilsk in Sibirien, einige hundert Kilometer nördlich des Polarkreises. Der polnisch-amerikanische Jesuit Walter Ciszek war hier als »vatikanischer Spion« gelandet — in Wirklichkeit, weil er sich geweigert hatte, als sowjetischer nach Rom zu gehen. Und nun traute er seinen Augen nicht, als er im Lagerhospital einem Arzthelfer begegnete, der zwar auch Sträfling war, doch offenkundig zu den Funktionären gute Beziehungen hatte und deshalb nicht erkannt werden wollte. Kein Zweifel: Es war *Alexander Kurtna,* jener seltsame, scheinbar allzu lebenslustige Studienkollege aus den Zeiten im päpstlichen russischen Kolleg, dem »Russicum« …

Damals, 1936, war Kurtna in die ewige Stadt gekommen, um katholischer Priester zu werden. Der 22jährige stammte aus der kleinen russischen Minderheit der baltischen Republik Estland. Dort war er zuerst in ein orthodoxes Priesterseminar eingetreten, dann aber faszinierte ihn die — vor allem von polnischen Jesuiten geförderte — Idee einer west-östlichen Kirchen-Union, vor allem ihr abenteuerlicher Aspekt einer »Missionierung des bolschewistischen Rußland«. Im ostpolnischen Dubno gab es ein Seminar, wo Kandidaten für eine solche Aufgabe vorbereitet wurden: Kurtna, der hier seine Studien fortsetzte, erschien seinen Lehrern so begabt, daß sie ihn nach Rom schickten.

Aber so sehr ihn die Stadt und das Studium faszinierten, mehr noch hatten es ihm die schönen Römerinnen angetan, und immer weniger erschien er seinen kirchlichen Oberen geeignet für den Zölibat. Am 9. November 1939 verließ Alexander Kurtna das

»Russicum« und »kehrte mangels priesterlicher Berufung in sein Vaterland zurück« — so der Vermerk in der Personalakte.

Zwei Monate vorher hatte Hitler den Zweiten Weltkrieg begonnen, indem er Polen mit Stalin teilte. Nun gerieten auch die kleinen baltischen Länder unter Druck. Eilig verschaffte sich der unfreiwillige Heimkehrer Kurtna ein estnisches Regierungsstipendium, um schon Ende 1939 wieder nach Rom zurückkehren zu können — diesmal mit dem erklärten Zweck, im Vatikanischen Geheimarchiv die Geschichte der baltischen Länder im Mittelalter zu erforschen. Nur eine akademische Beschäftigung?

Schon ein halbes Jahr später, im Juni 1940, hatte sich die Welt für den eifrigen jungen Mann verändert: Stalins Armee war in Estland einmarschiert, um es zu sowjetisieren, und der faschistische Duce in Rom trat an der Seite Hitlers in den Krieg ein. Beides schockierte Kurtna jedoch nicht: Im gleichen Sommer 1940 reiste er wie immer nach Estland, um schon im Herbst wieder nach Rom zurückzukehren, diesmal mit einem Forschungs-Stipendium der — »Sowjetischen Akademie der Wissenschaften«, die er direkt in Moskau aufgesucht hatte. Schließlich war er ja Russe, konnte also mit Unterstützung der neuen Herren Estlands rechnen. Und noch herrschte freundlicher Frieden zwischen den Diktatoren in Moskau, Berlin und Rom . . .

So fiel es kaum auf, daß Kurtna nicht nur seine zehn Jahre ältere russische Freundin Alma Hablitz besuchte (die als Sängerin im italienischen Auslands-Radio auftrat), sondern auch beste Beziehungen zur sowjetischen Botschaft *und* zum »Deutschen Historischen Institut« in Rom pflegte. Freilich nicht nur, um seine geschichtlichen Forschungen fortzusetzen. Da gab es nämlich im Institut einen Doktor Friedrich Bock, der immer wieder von seinem »guten alten Freund« in der deutschen Botschaft sprach. Und der war der Polizei-Attaché Herbert Kappler. Als ihm Kurtna im Frühjahr 1942 vorgestellt wurde, ahnte noch niemand, daß dieser SS-Obersturmbannführer Kappler bald der gefürchtete Polizeichef von Rom sein würde. Jetzt beschäftigte er den jungen Russen, der Geld brauchte, weil er ja seit Beginn des deutsch-sowjetischen Krieges im Juni 1941 sein Moskauer Stipendium nicht mehr bekam. Kurtna verfaßte für Kappler einen monatlichen Presse-Spiegel zum Thema »deutsch-vatikanische Beziehungen« und hörte sich auch sonst eifrig in kirchlichen Bekanntenkreisen um. Was er erfuhr, war zugleich auch für die »andere Seite« bestimmt: Genosse Bondarienko von der sowjetischen Botschaft in Rom hatte sich ja nicht nur für die Geschichtsstudien Kurtnas interessiert, er hatte ihm auch kurz vor dem Abzug der Botschaft noch die Adresse eines Kurzwellen-Senders hinterlassen, den der sowjetische Geheimdienst im fünften Stock eines alten Palazzo in der Nähe des Vatikans betrieb. Und Kurtna kannte sich in der Chiffrier-Technik gut aus, seit er seinen Wehrdienst in Estland bei der Nachrichtentruppe absolviert hatte ...

War es Freude am Spiel oder bloße Überlebenskunst? Im Juni 1942 heiratete Kurtna mit kirchlichem Segen seine Freundin Alma, und beide traten — wohlausgerüstet mit den notwendigen deutschen Transit-Dokumenten — die Hochzeitsreise an: ins heimatliche Estland, das ja nun deutsch, nicht mehr sowjetisch besetzt war. Es war nur eine einzige Flitterwoche — mitten im Krieg. Als beide schon nach sieben Tagen wieder zurückreisten, warteten auf dem Hauptbahnhof in Rom zwei Carabinieri mit einem Haftbefehl: »Spionage«, lautete die Anklage. Die italienische Abwehr hatte verräterische Funksprüche entschlüsselt.

Zum Prozeß kam es aber noch lange nicht; viele merkwürdige Besucher gingen in der Zelle ein und aus, die das Ehepaar Kurtna im berüchtigten Gefängnis »Regina Coeli« fast wie ein Hotelzimmer bezog. Als nach einem ganzen Jahr endlich der Prozeß im August 1943 stattfinden sollte, durchkreuzte die Weltgeschichte den Termin: Dem Sturz Mussolinis im Juli folgte im September die Besetzung Roms durch die Deutschen — und schon war Freund Kappler, der neue Polizeichef, zur Stelle, um seinen guten Mitarbeiter Kurtna aus dem italienischen Kerker zu holen. Und schon war auch »Ulrich« — das war Kurtnas Deckname — wieder tüchtig tätig. Nicht nur in der vatikanischen Ostkirchen-Kongregation, wo er gleich wieder beschäftigt wurde und weiter »studierte«, auch im Büro seines zweiten Brötchengebers Kappler hörte er sich um.

Da gab es die hübsche Sekretärin des Polizeichefs, Fräulein Schwarzer, die ihm in einer innigen Stunde gestand, daß auch sie für die »andere Seite« Nachrichten sammelte ...

Am 3. Juni 1944, zwei Tage, bevor das deutsche Regime in Rom am Ende war und die westlichen Alliierten die Stadt besetzten, holte die Dame ein Papier aus Kapplers Panzerschrank und steckte es in Kurtnas Tasche. Es war eine Liste mit siebzehn Namen und Adressen von kirchlichen »Mitarbeitern« des Polizeichefs, seinen Agenten im Vatikan. Kurtna hatte gerade noch Zeit, das Dokument in der sowjetischen Vertretung abzugeben (die nach dem alliierten Einmarsch zurückgekehrt war). Aber auch die italienische Polizei war wieder aktiv: Am nächsten Tag, dem 6. Juni, verhaftete sie Kurtna beim Abendspaziergang und verständigte auch gleich die amerikanische militärische Abwehr (CIC).

Verwirrt fragten sich die Amerikaner, wer dieser Alexander Kurtna denn nun wirklich war. »Er gibt an, daß er für die deutsche SS arbeitete, um den Russen durch Diebstahl von wichtigen Papieren zu helfen«, heißt es in einem geheimen CIC-Bericht vom 11. Juli 1944. Rückfragen in der römischen Vertretung des sowjetischen Verbündeten hätten ergeben, daß Kurtna dort tatsächlich eine Liste der Agenten Kapplers abgeliefert habe. »Es wurde uns erlaubt, davon eine Kopie zu machen«, heißt es in dem CIC-Bericht. Im übrigen habe man Kurtna, dessen sowjetische Staatsbürgerschaft zweifelsfrei sei, im italienischen Gefängnis »Regina Coeli« aufgesucht und zur Zusammenarbeit mit dem CIC verpflichtet. Die CIC-Offiziere, die mit ihm sprachen, »haben sich davon überzeugt, daß Kurtna ehrlich ist ...«

Hatte es der — in jedem Sinne — heimatlose 30jährige vielleicht mit *allen* ehrlich gemeint? War das sein Verhängnis? Kein schriftliches Zeugnis seiner Gedanken ist überliefert. Nachdem er nun wiederum, diesmal mit amerikanischer Hilfe, dem Gefängnis entkommen war, wurde er geradezu automatisch zum Zielpunkt sowjetischen Mißtrauens. Zumal der Krieg und damit das Bündnis Stalins mit den Westmächten zu Ende ging. Als »Agenten des Feindes« landeten selbst treueste Helfer des Diktators in den Lagern hinter dem Ural.

Es war im Frühjahr 1945, als Alexander Kurtna seine Wohnung in der römischen Via Cola di Rienzo 28 verließ und plötzlich von einem Unbekannten angesprochen wurde: »Können Sie russisch?« Das verwunderte »Ja« war kaum ausgesprochen, als Kurtna, durch einen Schlag in den Nacken getroffen, zusammenbrach. »Hilfreiche« Hände trugen ihn in einen bereitstehenden Krankenwagen, der direkt zur sowjetischen Vertretung fuhr. Keine Spur blieb von dem Entführten — bis ihn dann, sieben Jahre später im sibirischen Lager Norilsk, der alte Studienkollege aus dem »Russicum« wieder in einer Doppelrolle entdeckte. »Still — *zitto!*« flüsterte Kurtna, der dann irgendwann ganz still als Übersetzer seine Tage beendet hat . . .

Quellenhinweis: Walter J. Ciszek, »With God in Russia«, New York, 1964; Robert A. Graham, »Un agente sovietico in Vaticano« (in »Studium«, Roma, Nr. 1/1981): Inform v. Joseph Macha S.J. (Russicum) v. 17. 1. 1985; Inform. v. R.A. Graham S.J. v. 5. 12. 1991: CIC-Akten, Washington (Case no. 242/6750 Rome).

7. ... ein Amerikaner in Moskau

Ob man darüber lachen oder sich ärgern sollte? »Marschall Stalin ist, wie die Zukunft zeigen wird, ein Freund der römisch-katholischen Kirche, er ist ein Freund der Polen und wünscht sich ein großes, starkes, unabhängiges und demokratisches Polen — ich hatte ein zweistündiges vertrauliches Gespräch mit ihm und habe mich davon überzeugt« — so war am 28. April 1944 in Radio Moskau zu hören, so stand es nicht nur in der »Prawda«, sondern auch in der »New York Times«. Nicht ein sowjetischer Propagandist sagte es, sondern — ein katholischer Priester aus den USA, *Stanislaw Orlemanski,* ein 45 Jahre alter polnisch-amerikanischer Gemeindepfarrer aus Springfield in Massachusetts. Wie war er plötzlich in die Weltpolitik, in die Geschichte des Zweiten Weltkrieges geraten?

Hitlers Armeen waren auf dem Rückzug, Stalins Rote Armee hatte seit Anfang 1944 schon über die alte polnisch-sowjetische Grenze zurückgeschlagen, und die westlichen Alliierten rüsteten sich zur Landung an der Atlantikküste Frankreichs. Die Zukunft Polens wurde zum Problem, das immer mehr Spannungen zwischen den Verbündeten der Anti-Hitler-Koalition erzeugte. Zumal seit Anfang 1943 ein von Stalin befohlener Massenmord an (1939) kriegsgefangenen polnischen Offizieren in Katyn ruchbar wurde. 1942 hatten hunderttausend polnische Soldaten, ehemalige Kriegsgefangene, geführt von General Anders, die Sowjetunion verlassen, um auf westlicher Seite gegen Hitler zu kämpfen. Ein polnischer Oberst namens Berling machte jedoch nicht mit; obschon er weder Russen noch Kommunisten mochte, blieb er in der Sowjetunion und bildete hier aus bisherigen Lagerhäftlingen und anderen Landsleuten eine polnische Division, die den Namen des Nationalhelden Kosciuszko erhielt. An der Seite der Sowjettruppen sollte sie kämpfen und bei der Befreiung der Heimat dabei sein. So könne man, meinte Berling, direkt die Hand im Spiel haben und Polens — ohnehin schwer vermeidliche — Sowjetisierung wenigstens bremsen.

Bestärkt wurde Berling dabei von den wenigen polnischen Kommunisten, die in der Moskauer Emigration Stalins »Säuberungen« überlebt hatten. Aber auch Stalin war höchst interessiert. Der schlaue Diktator, der wußte, daß er es mit »diesen Polen, die alle stur sind« (wie er sagte) schwer haben würde, war geradezu entzückt, daß eine polnische Division auf seiner Seite als nationales Alibi dienen konnte. Und dazu gehörte auch ein katholisches ...

So erhielten sowjetische Fallschirmjäger im Mai 1943 den Befehl, hinter der feindlichen Linie einen Mann zu entführen, der für eine Partisanengruppe im Untergrund eigentlich nur als — Dentist arbeitete. Denn diesen Beruf hatte der 32jährige Oberschlesier *Wilhelm Kubsz* gelernt, bevor er Priester geworden war. Er hatte gegen die deutsche Besatzung gepredigt, war verhaftet worden, jedoch aus dem Gefängnis entkommen und untergetaucht. Und nun, von den Sowjets scheinbar »gekidnappt«, würde er — warum wohl? — in einem sibirischen Lager landen.

Kubsz traute seinen Augen nicht, als er am Oka-Fluß in Mittelrußland aus dem Flugzeug stieg und nichts als polnische Fahnen und Uniformen sah, ja einen Feldaltar. Sofort zum »Major und Dekan der 1. Kosciuszko-Division« ernannt, zelebrierte Kubsz eine feierliche Messe, segnete die Soldaten und vereidigte sie für Gott und Vaterland. Sogar Kommunisten und Sozialisten vom Moskauer »Bund Polnischer Patrioten« bekreuzigten sich. Und über der Tribüne wehte auch die britische und die amerikanische Flagge ...

Stalin hatte Bilder zum Vorzeigen. Schon seit Monaten korrespondierte er mit dem amerikanischen Präsidenten Roosevelt über die leidige »polnische Frage« und versuchte, das Mißtrauen der westlichen Verbündeten in diesem Punkt zu zerstreuen. Zu Hilfe kam ihm, daß nun sogar in Amerika die Berling-Division Eindruck machte, sogar unter polnischen Emigranten. In Springfield, dem Industriezentrum des US-Bundesstaates Massachusetts, gründete der Stadtpfarrer Stanislaw Orlemanski eine »Kosciuszko-Liga«, als er von der Bildung der Berling-Division — mit priesterlichem Segen — erfuhr. Stalin aber dürfte auf Orlemanski aufmerksam geworden sein, weil es in Springfield Rüstungsfabriken gab, aus denen Waffenhilfe für den sowjetischen Verbündeten kam — so wie aus der Industrie-Metropole Detroit, wo Orlemanski im Herbst 1943 eine zweite »Liga« zur Hilfe für die Soldaten Berlings gründete. Hier zusammen mit einem Wirtschafts-Professor, dem polnischen Linkssozialisten Oskar Lange, der seit 1938 in Detroit lehrte und mancherlei Fäden nach Moskau spann. Veranlaßte Lange, daß Orlemanski — und er selbst — eingeladen wurden?

Schon die Vorbereitung lief auf höchster Ebene. »Persönlich und geheim« telegrafierte Präsident Roosevelt an Stalin am 25. März 1944: Pater Orlemanski und Professor Lange erhalten amerikanische Pässe, um in die Sowjetunion zu reisen, aber nur »als private Bürger, für deren Meinungen und Aktivitäten die Vereinigten Staaten keinerlei Verantwortung übernehmen können«.

Nach vier Tagen bestätigt Stalin den »privaten« Charakter seiner Einladung. Am 17. April besteigt Orlemanski — ohne Lange — zum erstenmal in seinem Leben ein Flugzeug, um über Kanada, Alaska und Sibirien nach Moskau zu gelangen. Noch bevor er im Kreml empfangen wird, führt man ihn zur polnischen Division, bei der gerade einige tausend neue Soldaten aus den »von der Sowjetarmee befreiten polnischen Gebieten« angekommen sind.

Zusammen mit seinem Amtsbruder Kubsz spricht Orlemanski zu ihnen, ermutigt sie gegen den deutschen Feind und wirbt für die sowjetischen Freunde: »Wir sind doch Slawen! Polen und Rußland zusammen werden die stärkste Macht im Osten sein!« Er habe sich »wie zu Hause gefühlt«, berichtet er in seiner Radiobotschaft. »Als neutraler Zeuge und praktischer Amerikaner« habe er überhaupt festgestellt, daß es den Polen in der Sowjetunion »gar nicht besser gehen könnte«.

Stalin freut sich. Nach einem zweistündigen Gespräch im Kreml, an dem auch Molotow teilnimmt, läßt sich der rote Marschall mit dem römischen Priester für die »Prawda« fotografieren, wo das Bild am 28. April 1944 erscheint. Am gleichen Abend bezeichnet Orlemanski im Moskauer Rundfunk den Diktator nicht nur als

Kirchenfreund, sondern stellt fest, daß »Stalin keine Absicht hat, sich in die inneren Angelegenheiten des polnischen Staates einzumischen, denn er möchte ein glückliches, mit den Sowjetrepubliken harmonisch zusammenarbeitendes Polen sehen«.

»Lieber Freund«, telegrafiert Stalin am 6. Mai — nun gar nicht mehr geheim — an Präsident Roosevelt, »ich danke Ihnen sehr, daß Sie Pater Stanislaw Orlemanski geholfen haben, nach Moskau zu kommen. Gute Gesundheit und viel Erfolg wünscht Ihnen aufrichtig Ihr Stalin.«

Und auch nach der Heimreise ist Orlemanski noch immer fasziniert von seinem Gastgeber: »Er ist wirklich demokratisch und offen«, sagt er am 12. Mai bei einer Pressekonferenz in Chicago. »Ich sprach mit Stalin von Mann zu Mann und fragte ihn, ob es ihm möglich wäre, mit dem Heiligen Vater Pius XII. zusammenzuarbeiten im Kampf gegen Gewalt und Kirchenverfolgung. Und er sagte: Ich glaube, ja.«

Das Rauschen im amerikanischen Blätterwald, gemischt aus Beifall und Empörung, verdrängt beinahe die Kriegsnachrichten. Doch jetzt verliert Orlemanskis Oberhirte in Springfield die Geduld mit seinem so plötzlich weltberühmt gewordenen Pfarrer. Bischof Thomas O'Leary setzt ihn kurzerhand ab, verbietet ihm alle priesterlichen Funktionen und verbannt ihn in ein Kloster. Von dort aber meldet sich Orlemanski direkt beim päpstlichen Delegaten in Washington, übermittelt ihm einen Bericht von der Moskaureise und schreibt dazu am 14. Mai 1944:

»Ich weiß, ich bin schuldig, daß ich die Pfarrei ohne Genehmigung des Bischofs verlassen habe. Aber meine Mission war doch, Polen zu helfen und meiner Kirche zu helfen. Ich gab mein Bestes ...«

»Achtzig Prozent der Amerikaner sympathisiert mit dem Priester«, telegrafiert der vatikanische Diplomat (der spätere Kardinal Cicognani) nach Rom und rät bei aller Peinlichkeit der Sache zu Milde. War die Naivität Orlemanskis vielleicht nur benutzt worden, um eine Wiederwahl Präsident Roosevelts zu fördern, dieses Präsidenten, der Ostpolen den Russen überläßt und doch die Stimmen der amerikanischen Polen nicht verlieren will? Ein Freundesdienst für Stalin, der jetzt, da seine Truppen in Polen stehen, die Polen und die Verbündeten beruhigen muß? Monatelang spiegeln sich derlei Fragen in diplomatischen Notenwechseln. Auch Hitlers Vatikanbotschafter Ernst von Weizsäcker fragt nach und meint, daß hinter dem Fall Orlemanski »hohe Politik« stecke.

»Nein, Exzellenz, niedrige, ganz niedrige Politik!« antwortet ihm der päpstliche Außenminister Tardini am 27. Mai 1944. Da war dem reuigen Pfarrer von Springfield, der sich »gekreuzigt« fühlte (wie er noch am 20. Mai zu »People's Voice« in Detroit gesagt hatte), von seinem Bischof schon wieder verziehen worden: um den Preis des absoluten Stillschweigens. Und er hielt es, bis er, kaum sechzig Jahre alt, 1960 starb.

Sein Freund Wilhelm Kubsz aber ließ sich in den sechziger Jahren noch einmal in Polens Volksarmee — der einzigen kommunistischen mit Militärseelsorge — wieder aktivieren. Kubsz wurde zum Oberst befördert und war bis zu seinem Tod 1978 Garnisons-Pfarrer in Schlesien. Ein General namens Jaruzelski, der einst als junger Offizier der polnischen Division in Rußland diesem Kubsz begegnet war, ja bei ihm gebeichtet hatte, ließ ihm 1984 in Jelenia Góra (Hirschberg) ein Denkmal setzen. Kurz bevor die Zeit des Kommunismus in Polen wie in Rußland abgelaufen war . . .

Quellenhinweis: Vatikanakten d. Zweiten Weltkrieges (ADSS) Bd. 11 (1981), Dok. Nr. 194, 290, 298; »Dokumenty i Materialy do Historii Stosunków Polsko-Radzieckich«, Warszawa, 1973; Antonie Wenger »Rome et Moscou 1900—1950, Paris, 1987; Roosevelt-Stalin (Briefwechsel), Moskau, 1957, Milano, 1962; Johann Black, »Militärseelsorge in Polen«, Stuttgart, 1981; Wlodzimierz Sokorski, »Polacy pod Lenino«, Warschau, 1971; Alexander Werth, »Rußland im Krieg 1941—1945«, Bd. 2, München, 1967.

8. Des Kaisers Kanonenkönig in Capri

Aus Hotelzimmern mehr zu erfahren, als auf dem polizeilichen Meldezettel steht — das war der Berliner Kriminalkommissar Hans von Tresckow gewohnt. Zwar gab es Ende des 19. Jahrhunderts noch keine Abhöranlagen, doch in der Hauptstadt des deutschen Kaiserreiches hatten die Ordnungshüter natürlich ihre Aufpasser in den Luxusherbergen. Diesmal freilich kam Conrad Uhl, der Besitzer des Hotels »Bristol«, höchstpersönlich ins Kommissariat und gab zu Protokoll, was ihm ein prominenter Stammgast zugemutet hatte:

»... seit langem interessiert er sich für junge Kellner, gibt sogar Ratschläge für ihre Behandlung, unter anderem, daß sie mindestens einmal in der Woche baden sollen ...« Und wie hieß der seltsame Gast? Es war Friedrich Alfred Krupp, Inhaber der Stahl- und Panzerplattenfabrik in Essen, weltbekannt als »Kanonen-König« und Multimillionär. Hotelchef Uhl war schon erstaunt gewesen, als ihm sein Stammgast immer wieder junge Italiener zur Anstellung empfahl und anbot, deren Lohn zu zahlen, wenn sie nur jedesmal bei seinen Berlinbesuchen ihm allein zur Verfügung stünden. Wozu? Das merkte Uhl bald, als aus Krupps Appartment »lautes Kichern und Gezeter ertönte«. Zwar spreche er nicht italienisch, »doch braucht man keinen Dolmetscher, um zu verstehen, was da vorgeht«, so notierte der Kriminalpolizist die Aussage Uhls und fügte hinzu: »Auffallend ist auch, daß Krupp stets mit seiner Gemahlin nach Berlin kommt, beide aber in getrennten Hotels wohnen. Auf der Basis dieser Fakten unterliegt es keinem Zweifel, daß Krupp homosexuelle Neigungen hat ...«

Und das machte ihn im Deutschen Reich von annodazumal nicht nur einer Straftat dringend verdächtig (nach § 175), auch ein Sitten- und Gesellschaftsskandal konnte drohen, wenn ... ja, wenn das Auge des Gesetzes nicht zugedrückt würde. Wie bei so manchen anderen Prominenten. Da gab es ja unter strengem Verschluß Polizeiberichte über erotische Tafelrunden, an denen bekannte vornehme Herren beteiligt waren, sogar Philipp Graf zu Eulenburg. Dieser war immerhin der engste Vertraute Seiner Majestät Kaiser Wilhelms II., der sich selbst freundschaftlich seinem Kanonen-Lieferanten verbunden fühlte und ihn sogar zuweilen in seiner Essener »Villa Hügel« besuchte, wenn Krupp nicht gerade im sonnigen Süden weilte — wie so oft ...

Auf der Insel Capri gab es einen steilen, vielfach gewundenen, von Felsen und üppigen Pflanzen gesäumten Spazierweg hinunter zum Meer, der bis heute den prosaischen Namen »Via Krupp« trägt. Friedrich Alfred Krupp hatte den Weg bauen lassen und durfte ihm seinen Namen geben, weil er überhaupt als Wohltäter der Insel galt, die um die Jahrhundertwende nur sechstausend Einwohner hatte, aber schon jedes Jahr 30 000 Touristen beherbergte — zur Hälfte Deutsche. Eine Hauptstraße hieß »Via Hohenzollern«. Dichter und Maler, Gelehrte und Neureiche tummelten sich auf der Piazza ebenso wie die kleinen und großen Gauner, die aus Neapel herüberkamen, um die Geschäfte der Camorra zu betreiben. Und sei es nur mit kleinen Prisen von Opium und Kokain — oder mit schönen Knaben, die im Hotel »Pagano« ein- und ausgingen. Schon 1853 schrieb der Dichter Viktor von Scheffel aus Capri:

»Wer ist dort der blonde Fremde, der auf Don Paganos Dache wie ein Kater auf und ab geht? S'ist ein Deutscher, und wer weiß, was diese treiben ...« Fast ein halbes Jahrhundert später verbrachte der Essener Kanonenkönig alljährlich viele Monate auf Capri, um seinen Hobbies zu frönen. »Ich nutze die Gelegenheit, etwas für meine Gesundheit zu tun, weidlich aus, und nebenbei schaffe ich mir durch das Fischen interessanter Meeresbewohner eine anregende Beschäftigung«, schrieb Krupp am 1. März 1900 aus dem »Grand Hotel Quisisana«. Aber nicht nur eine bis dahin unbekannte Larve des wandernden Fluß-Aals ging in die »neukonstruierten Netze« seiner Tiefseeforschungs-Jacht, wie er stolz am 12. Februar 1901 aus Capri schrieb. In jenem Frühjahr begann sich auch über dem prominenten Caprifischer selbst ein Netz zusammenzuziehen: Sein Privatleben wurde ins Gerede gebracht. Warum? Nur weil es so »in der Luft« lag?

»Es gibt nichts, wirklich nichts, das mich dieser Art süßer Verdummung entziehen könnte — diesen schrecklichen, unaussprechlichen, vergnüglichen, internationalen, kosmopolitischen und biblischen Skandalen von Capri, die sich mit dem Klang der Gitarren in den Frisörläden mischen ...« — so schwärmte der Schriftsteller Norman Douglas, ein lebenslustiger, schöner Schotte aus deutschem Adel. Der damals 34jährige, eng befreundet mit dem 46jährigen Krupp, kannte diesen schon aus seiner Schulzeit am Gymnasium in Karlsruhe, wo Krupp bei den badischen Dragonern seinen Militärdienst absolviert hatte. Inzwischen war Douglas drei Jahre lang als britischer Diplomat in — Rußland gewesen und war dann »privat« durch die Welt gereist. In Capri traf er immer wieder Freund Krupp, mit dem ihn auch Geschäftliches zu verbinden schien.

Denn der »Kanonenkönig« lieferte seine explosive Ware in vieler Herren Länder, auch an verfeindete Nachbarn, etwa im Orient — und machte sich damit selbst Feinde. So auch zu Hause in Deutschland, wo die noch auf Klassenkampf eingeschworenen Sozialdemokraten den Großkapitalisten beargwöhnten. Und sogar in Italien, wo das übliche innenpolitische Durcheinander die Durchsicht erschwerte. Hier war im Sommer 1900 der König, Umberto I., von Anarchisten ermordet worden; ein scheinbar liberaler »starker Mann«, Giovanni Giolitti, suchte nun Anschluß nach links und wandte sich zugleich immer mehr vom Bündnis mit Deutschland ab. Als Innenminister schickte Giolitti im Herbst 1902 nach Capri einen Polizei-Inspektor, der Gerüchten nachgehen sollte, die über diesen seltsamen deutschen Signor Krupp im Umlauf waren. Etwa nur, weil er sich unvorsichtig in die Bürgermeisterwahlen der Insel eingemischt hatte und so den Interessen der Camorra — der neapolitanischen Mafia — ins Gehege gekommen war? Oder stimmte wirklich, was von einer Zeitung in Neapel mit Hinweis auf »gewisse Photographien in unserem Besitz« behauptet worden war? Ein anonymer Denunziant aus Italien hatte auch der preußischen Polizei mitgeteilt, daß — obschon es in Italien keinen § 175 gebe — »sogar Ihre so toleranten italienischen Kollegen nicht länger die Augen schließen können vor den homosexuellen Praktiken des Herrn Krupp«. Gab es etwa verbotene Spiele mit minderjährigen Knaben? Bewegte sich der Kanonenkönig auf den Spuren des römischen Kaisers Tiberius, von dem der Geschichtsschreiber Sueton solche Ausschweifungen in Capri berichtet hatte? »Man kann es kaum erzählen, geschweige denn glauben« — so Sueton.

Gewiß ist nur, daß Krupp im Herbst 1902 amtlich, wenn auch diskret, aufgefordert wurde, Capri für immer zu verlassen. Und daß seine Frau Margarethe, der die Gerüchte schon früher zugetragen worden waren, ihrer privaten Entrüstung, aber auch ihrer Sorge um den Ruf der Firma nun Luft zu machen begann — sogar gegenüber dem Kaiser. Da aber kam sie an die falsche Adresse — denn viel zu gut verstand der Monarch die Neigungen seines »Freundes Fritz«. So bedurfte es wohl keiner großen Anstrengung, als Krupps Privatsekretär, sein Leibarzt und ein Staatssekretär des Marineamtes (das von der Firma Panzerplatten kaufte) sich verabredeten und dem Kaiser etwas einredeten: Frau Margarethe sei »schwer nervenkrank«.

Und noch leichter war es, den betroffenen Firmenchef, also ihren Ehemann selbst, für dieses Komplott zu gewinnen. Am 13. Oktober 1902 schrieb er an Kaiser Wilhelm:

»Eure Majestät wollen es mir allergnädigst gestatten, Allerhöchstderselben als erstem (!) zu berichten, daß meine Frau sich heute bereit erklärt hat, sich freiwillig (!) einer gründlichen Behandlung zu unterziehen.«

Frau Margarethe war in die psychiatrische Klinik in Jena eingeliefert worden. Krupp aber tat gegenüber dem Kaiser so, als ob er von allem erst drei Tage vorher erfahren hätte, ja, er dankte dem Kaiser dafür, daß man ihn bis jetzt mit den »schwerwiegenden Enthüllungen über manche Äußerungen und Handlungen meiner Frau« verschont und erst jetzt über »die von ihr in Umlauf gesetzten Gerüchte« informiert habe.

Fast schien es gelungen, die Affäre zu »bereinigen«. Da aber platzte eine publizistische Bombe, politisch *und* pseudo-moralisch im Stil der Zeit. Am 15. November 1902 erschien im »Vorwärts«, der Parteizeitung der deutschen Sozialdemokraten, die Forderung, »endlich jenen Paragraphen 175 aus dem deutschen Strafgesetzbuch zu entfernen«, und zwar aus Anlaß eines Falles, der ein »kapitalistisches Kulturbild krassester Färbung« biete:

Friedrich Alfred Krupp (1854 — 1902).

»Der Geheime Kommerzialrat Krupp, Mitglied des Preußischen Herrenhauses, der reichste Mann Deutschlands, dessen jährliches Einkommen auf 25 und mehr Millionen Mark gestiegen ist, der 50 000 Arbeiter und Angestellte in seinen Betrieben unterhält, in denen das Zentrum der völkermordenden Kriegstechnik liegt ... dieser Herr Krupp gehört zu jenen Naturen, für die der § 175 eine stete Qual und Bedrohung bedeuten ... Unter dem Einfluß der kapitalistischen Macht kann eine unglückliche Veranlagung, die den Besitzlosen niederdrückt oder gar zerschmettert, zu einem furchtbaren Quell der Korruption werden ... In seiner verschwenderisch ausgestatteten Villa in Capri huldigt Herr Krupp mit den jungen Männern der Insel dem homosexuellen Verkehr ... Das Mitleid, das das Opfer eines verhängnisvollen Naturirrtums verdient, muß versagen, wenn die Krankheit zu ihrer Befriedigung Millionen in ihre Dienste stellt ...«

Schon zwei Tage später haute die bürgerliche Berliner »Welt am Montag« nicht minder heuchlerisch, doch mit umgekehrter Tendenz in die gleiche Kerbe und lehnte jede Revision der umstrittenen Strafgesetz-Paragraphen ab:

» ... Die Heimat versagt uns ja so manches, was der mildere Süden gewährt. Das sonnige Italien schränkt das Recht der Persönlichkeit auch über das hinterwärtigste Organ des eigenen Körpers in keiner Weise ein, während unser sittliches Empfinden es ihr versagt ... Hat man es trotz der mangelnden Strafbestimmung in Italien für gut gehalten, Herrn Krupp zu ersuchen, Italien für immer zu verlassen, so möchten wir doch nicht, daß ihm der beseitigte Paragraph 175 ein *Buon Retiro* in Deutschland erschlösse, indem er seine Schwelgereien ungehindert üben könnte ...«

Wenige Tage später war Friedrich Alfred Krupp — tot.

»Infolge eines heute früh sechs Uhr eingetretenen Gehirnschlags«, wie der Firmenvorstand am 23. November 1902 bekanntgab. Kurz vorher hatte die angeblich unzurechnungsfähige Frau Margarethe die Jenaer Psychiatrie fluchtartig verlassen und war — offenkundig ganz normal — nach Essen zurückgekehrt. Niemand hatte sie gehindert, und niemand erfuhr jemals, was sich

Fritz und seine Margarethe (von der man ihn hatte »befreien« wollen) zuletzt zu sagen hatten. Hat sie ihm jenen Abgang von der Bühne nahegelegt, den der Ehrenkodex jener Zeit vorsah? Hat er selbst diesen Weg gewählt? Oder versagten einfach die Nerven des 48jährigen, die ohnehin nie sehr stark gewesen waren? Der Sarg, der die »Villa Hügel« in Essen verließ, blieb verschlossen. Niemand durfte den Leichnam sehen. So konnte sogar die Legende entstehen, eine Puppe sei beigesetzt worden, und Krupp sei unter anderem Namen untergetaucht — in Amerika, in der Türkei, in Palästina ...

Der Kaiser selbst sorgte dafür, daß aus der Tragödie noch eine Komödie wurde, aus der sich politisches Kapital schlagen ließ. Während das kirchliche Begräbnis im Zeichen von Vergebung stand (»Ich verzeihe allen meinen Feinden«, zitierte der Pastor den Verstorbenen), benutzte Wilhelm II. die Trauerfeier der Firma, um in Essen vor Arbeitern und Direktoren der Krupp-Werke mit innenpolitischen Gegnern abzurechnen. Als »Freund des Verewigten«, der ein Opfer seiner feinfühligen, empfindsamen Natur geworden sei, wolle er über ihn und seine Familie »den Schild des Deutschen Kaisers« halten:

» ... Eine Tat ist in deutschen Landen geschehen, so niederträchtig und gemein, daß sie alle Herzen erbeben gemacht und jedem deutschen Patrioten die Schamröte auf die Wangen treiben mußte über die unserem ganzen deutschen Volke angetane Schmach ... Diese Tat ist nichts weiter als ein Mord; denn es besteht kein Unterschied zwischen demjenigen, der den Gifttrank einem anderen mischt und kredenzt, und demjenigen, der aus dem sicheren Versteck seines Redaktionsbüros mit den vergifteten Pfeilen seiner Verleumdungen einen Mitmenschen um seinen ehrlichen Namen bringt und ihn durch die hierdurch hervorgerufenen Seelenqualen tötet. Wer war es, der diese Schandtat beging? Männer, die bisher als Deutsche gegolten haben, jetzt aber dieses Namens unwürdig sind, hervorgegangen aus den Klassen der deutschen Arbeiterbevölkerung ... Ihr Kruppschen Arbeiter habt immer treu zu eurem Arbeitgeber gehalten ... Männer, die Führer der deutschen Arbeiter sein wollen, haben euch euren teuren Herrn geraubt. An euch ist es, die Ehre eures Herrn zu schirmen ... Wer nicht das Tischtuch zwischen sich und diesen Leuten zerschneidet, legt moralisch gewissermaßen Mitschuld auf sein Haupt ...«

Die Witwe wußte freilich, warum sie die Verleumdungsklagen des Verstorbenen, die sich die Staatsanwälte zu eigen gemacht hatten, schon zwei Wochen nach Krupps Tod zurückzog. »Es ist mir klargeworden, daß der Kampf, der sich vor den Gerichten entspinnen wird, ein langwieriger und erbitterter werden wird«, schrieb sie dem Berliner Oberstaatsanwalt, der bereits »aus Kreisen des Kaiserhofs« einen entsprechenden Wink erhalten hatte. »An der Bestrafung der Verleumder ist mir nichts gelegen«, schloß Margarethe Krupp und berief sich auch auf den ärztlichen Rat, sich nicht den »Gemütsbewegungen« eines Prozesses auszusetzen.

Gelassen und selbstsicher übernahm die vor kurzem noch als »nervenkrank« aus der Firma manövrierte Dame nun die Regentschaft für ihre sechzehnjährige Tochter Bertha. Diese war die Alleinerbin des Kruppschen Vermögens, dessen Wert im Jahre 1901 auf etwa 273 Millionen Mark geschätzt wurde — also noch bevor zwei Weltkriege die Kanonen-Konjunktur anheizten.

Laut »Baedeker«-Reiseführer von 1903 kostete damals die Übernachtung im »Grand Hotel Quisisana« von Capri vier Lire — umgerechnet drei Mark und vierundzwanzig Pfennige. Der prominenteste Hotelgast jener Zeit hinterließ seinen Namen auf der Insel nur für einen immer wieder, zuletzt 1994, restaurierten, sehr verschlungenen Weg ...

Quellenhinweis: Krupp-Dokumente aus dem »Preußischen Geheimen Staatsarchiv« (vgl. »Krupp und die Hohenzollern«, hrsg. von W. Boelke, Berlin, 1956); Herbert Uhl, »Dreimal Brandenburger Tor«, Baden-Baden, 1993; Alfred Liebfeld, »Kruppowie«, Warschau, 1962).

9. »Gebrochener Agent« plaudert von Putsch

Eigentlich möchte ein Geheimdienst — wie sein Name besagt — geheim, also verschwiegen sein. Und schon gar nicht will er ins öffentliche Gerede kommen. Eben dies geschieht aber in Italien immer wieder. Trotz des schönen lateinischen Wahlspruchs, den hier die hauptberuflichen Schnüffler, lateinisch verschlüsselt, in ihrem Wappen führen (das eine Weltkugel zeigt!): *»Omnia silendo ut audiam nosco«* — alles erfahre ich, indem ich schweige, um zu horchen ...

Auf den ersten Blick paßte das Motto zu dem Mann mit dem gepflegten Schnurrbart über schmaler Lippe und kühlen Augen unter kahlem Schädel: Der Brigadegeneral Ambrogio Viviani, 1928 im norditalienischen Cremona geboren, hatte sein Fallschirmjäger-Temperament gezügelt, als er 1970 vier Jahre lang Chef der Abteilung Gegenspionage wurde und dann Militärattaché bei der italienischen Botschaft in Bonn. Erst als Anfang der achtziger Jahre sein Name auf der Mitgliederliste der in düstere Skandale verstrickten Freimaurerloge »P 2« auftauchte, zerbröckelte seine dienstliche Disziplin. Jahrelang versuchte er wenigstens intern — zum Beispiel, indem er beim zuständigen Minister um Audienz bat — nachzuweisen, daß »der Geheimdienst die P 2 infiltriert hat und nicht umgekehrt«.

Wollte das niemand genauer von ihm wissen? Offenbar nicht. Denn plötzlich trat der General eine Art Flucht nach vorn an. Zunächst begann er in einem zweibändigen Werk, das er als Freizeithistoriker der Geschichte widmete, allerlei Überraschendes und Indiskretes auch aus der jüngsten Vergangenheit auszuplaudern. Und als das erwartete Echo eher schwach blieb, entschloß sich Viviani zu einem Interview für das Mailänder Magazin »Panorama«, in dem er im Frühjahr 1986 Dienst- und Staatsgeheimnisse abenteuerlichster Art enthüllte:

»Ich bin ein gebrochener Agent«, gestand der General und verriet, daß der Geheimdienst Anfang der siebziger Jahre dem lybischen Diktator Ghadaffi »eine Lawine von Panzern, Haubitzen, Maschinengewehren, Bomben und anderen Materials« geliefert hatte. Ja, Viviani selbst schrieb 1973 für Ghadaffi Handbücher, die ins Arabische übersetzt wurden — »besonders geeignet zu Sabotage- und Guerillazwecken auf feindlichem Gebiet«. Als Italiens Geheimdienst 1971 in Triest eine Gruppe von Gegner Ghadaffis festnahm, bedankte sich der lybische Revolutionsführer mit »Ketten und Juwelen für die Damen« der italienischen Agenten ...

Andersartige Dankbarkeit scheint im Spiel gewesen zu sein, als — wie Viviani berichtete — der später ermordete römische Regierungschef Aldo Moro 1973 fünf arabische Terroristen, die mit Raketen ertappt worden waren, sofort nach Lybien abschieben ließ — »zurück an den Absender«, der ja siebzehn Prozent des italienischen Erdölbedarfs lieferte ... Ob derlei bei anderen Militärs rebellische Gefühle erregt hat? Immer wieder gab es damals Putschgerüchte. Doch laut Viviani stimmte nur eines: Offiziere des 3. Armeekommandos in Venetien wollten die alljährliche Parade zum Nationalfeiertag am 2. Juni 1971 zum Losschlagen benutzen: »Angesichts der schweren Lage des Landes sollte hier ein hoher Offizier an die Macht gebracht werden.« Ein italienischer Ghadaffi?

»Er lebt noch, und niemand hat ihm je die Beförderung verweigert«, berichtete Viviani im Mai 1986, ohne daß er — auch später — jemals den Namen nennen mußte. Einem braven Obersten sei es damals, fünf Tage vor dem geplanten Putsch, gelungen, die Sache abzublasen — »wegen geringer Erfolgsaussichten und auch, weil man in Rom schon davon wußte«. Auch in London beim britischen Geheimdienst. Der habe dann dem in Sardinien lebenden Schriftsteller Morris West die Story für sein Buch »Der Salamander« (1974) geliefert . . .

Nicht romanhaft erfunden war auch, was 1972 über den Tod des linksradikalen, in der internationalen Terror-Szene untergetauchten Mailänder Verlegers Feltrinelli gemunkelt worden war. Selbst von dem Sprengstoff zerrissen, den er — so schien es — auf einem Hochspannungsmast anbringen wollte, war Feltrinelli als Leiche mit falschen Papieren gefunden und erst 18 Stunden später identifiziert worden. Doch in der sowjetischen Botschaft in Rom wußte man schon nach zwei Stunden Bescheid.

»Durch den Tod ihres Mitarbeiters verloren die Sowjets den Kopf«, wußte General Viviani zu berichten. In seinem Buch zitierte er mit Namen und Minutenangaben die abgehörten Telefongespräche der Sowjetdiplomaten über den »Unfall von Mailand«. Den Verdacht aber, daß der italienische Geheimdienst selbst den »Unfall« Feltrinellis provoziert haben könnte, wies der General nicht einmal zurück: » . . . das konnte auch eine Anerkennung der Leistungsfähigkeit sein«, schrieb er unverblümt. Wollte er den Rechtsstaat das Gruseln lernen?

Dieser Staat hatte, so schien es, selbst manches Unheimlich-Hintergründige zu verbergen: Da war am 15. August 1977 Herbert Kappler, der im Zweiten Weltkrieg Hitlers SS- und Polizeichef in Rom gewesen war und dreißig Jahre Festungshaft in Italien verbüßt hatte, plötzlich nach Deutschland geflohen, wo er bald darauf starb. Kurz darauf hatte der italienische Verteidigungsminister behauptet, Kappler sei von seiner Frau in einem Schrankkoffer versteckt und so aus dem Gefängniskrankenhaus in Rom geschmuggelt worden. General Viviani verriet nun — neun Jahre danach —, Kappler habe ganz normal das streng bewachte Spital verlassen, in Begleitung seiner Frau.

»Zwischen dem italienischen und dem deutschen Geheimdienst war verabredet worden, daß Kappler den geeigneten Augenblick für seine Rückkehr nach Deutschland im Krankenhaus abwarten

Ambrogio Viviani. *Foto: M. Vallinotto.*

sollte ... Italienische Politiker hatten der Regierung in Bonn versprochen, ihn freizulassen ... Kappler wurde zum Brenner begleitet und passierte ruhig die Grenze ...«

So Viviani. Und delikat fügte der General hinzu: er selbst habe sich damals in Südtirol, in Brixen, also nahe der Grenze aufgehalten — scheinbar zum Urlaub. Er war ja zu dieser Zeit Militärattaché in Bonn und hatte wohl mit deutschen Fachkollegen manches verabredet. Jedenfalls bekam er bald nach der Affäre Kappler, die in Europa eine Welle antideutscher Polemik in Gang setzte, eine deutsche Belohnung, eben das Bundesverdienstkreuz ... Es gehörte offenkundig — wie Fotos zeigten — nicht zu den Auszeichnungen, die der General zurückgab, als er 1986 alle seine Auszeichnungen demonstrativ ablegte und sich überhaupt von der Armee verabschiedete ...

Vorsicht oder Furcht? Bald schien ohnehin alles vergessen, was da aus der hohen Schule der Geheimnisse ausgeplaudert worden war. Nur kurze Zeit gab es Schlagzeilen. Eigentlich hätte alles, was Viviani enthüllte — allein schon die Putsch-Affäre —, Italiens politisches System erschüttern müssen. Und wenn es falsch war, hätte man den General zur Verantwortung ziehen müssen. Was aber geschah? Es gab eine Art von Disziplinarverfahren, Staatsanwälte baten Viviani auch zu »Gesprächen« — das Wort »Verhör« wurde vermieden. Ganz kurz verhängte ein Richter in Venedig über Viviani sogar einige Tage Untersuchungshaft. Dann aber verlief alles — *all'italiana* — im Sande ...

Und vier Jahre später, 1990, zog der Ex-General und Ex-Geheimdienstchef sogar ins Parlament in Rom ein. Zunächst saß er da als *onorevole,* also ehrenwerter, mit Immunität ausgestatteter Abgeordneter zusammen mit Frau *Ciciolina,* einem früheren Pornostar, auf den Bänken der »Radikalen Partei«, die sich nun Fraktion der »Europäischen Föderalisten« nannte. Da bei ihnen links und rechts nicht so genau unterscheidbar war, vollzog der General schon nach zwei Monaten einen Stellungswechsel: Bei der neofaschistischen »Sozialbewegung« (MSI) fühlte er sich offenkundig viel wohler. Erst als sich diese drei Jahre später zur »Nationalen Allianz« mauserte und 1994 sogar zum Regierungspartner des Medienzaren Berlusconi wurde, machte Viviani den scheinbar liberalen Rechtsruck in eine »neue Republik« nicht mehr mit. Ganz still zog sich der General in den Unruhestand zurück, um ein neues »historisches Werk« über das Thema auszubrüten, von dem er immer schon mehr wußte, als er ausplaudern konnte. Und ohne daß er sich jemals den Mund verbrannt hat.

Quellenhinweis: A. Viviani, »Servizi Segreti Italiani 1815–1985«, 2 Bde., Rom, 1985; »Panorama« Nr. 1047/48 v. 18. Mai 1986; »Avanti«, Juni 1986; Gespräch mit A. Viviani v. 12. 11. 1994.

10. »doc« und sein bitter-süßes Geheimnis

Dicke Eisengitter vor Türen, Fenstern und Treppen, bewaffnete Soldaten auf Posten, Scheinwerfer auf allen Dächern — nein, kein Gefängnis war das, sondern die amerikanische Botschaft in Warschau, in dem kleinen Altstadt-Palais der Koscielna-Gasse. Die US-Diplomaten meinten sich auf diese Weise in der Hauptstadt des kommunistischen Polen vor unerwünschten Besuchern sichern zu können. Keiner von ihnen wäre auf den Gedanken gekommen, daß jetzt, Ende der fünfziger Jahre, im zweiten Jahrzehnt des kalten Ost-West-Krieges, einer ihrer fleißigsten Kollegen alle Sicherheitsanlagen sinnlos machte ... Oder war auch dieser Schein so trügerisch wie manches andere »security risk«?

Alles hatte am Abend des 4. September 1959 begonnen. Wie so oft saß Irvin Scarbeck noch immer in seinem Büro in der Botschaft und kämpfte mit Bergen von Papier. »Doc« (so nannten ihn seine Kollegen, nicht weil er ein Doktor war, sondern weil er so redete) war im Rang eines zweiten Sekretärs eigentlich nicht mit diplomatisch-politischen Sachen beschäftigt, sondern mit Verwaltung und Organisation des Alltags. Gleichsam als Hauswirt kümmerte er sich um den Umbau und Neubau der Botschaft in der schönen Ujazdowskie-Allee, schlug sich mit polnischen Handwerkern und Bürokraten herum, mit verrosteten Wasserhähnen und beschwerdelustigen Diplomatenfrauen. Politik? Sie interessierte den 39jährigen kaum mehr, seit er zehn Jahre vorher seinen Job als Militärzensor bei der amerikanischen Filmkontrolle in Frankfurt am Main aufgegeben hatte. Dort hatte er seine deutsche Frau kennengelernt, die mit den drei Kindern auch an diesem Abend wieder einmal auf ihn warten mußte.

Das Telefon klingelte auf »Docs« Schreibtisch. Eine Mädchenstimme war zu hören. Es war ein Anruf, wie ihn westliche Ausländer in Warschau oft erhielten. »I am a nice girl ...«, so war da meistens zu hören. Nie wußte man genau, ob da nur Dollar-Träume oder hintergründige Aufträge im Spiel waren. Auch Scarbeck mußte mit beidem rechnen, doch das hinderte ihn nicht, ja, es machte ihn erst recht neugierig. Auf einem Matratzenlager in einem Warschauer Ruinenkeller, wo noch drei andere Mädchen hausten, begegnete er zum erstenmal der 21jährigen, die — so stellte sich nun heraus — genauso wie er selbst, besser deutsch als polnisch sprach. Denn Ursula Discher war die Tochter eines »Volksdeutschen«, der wegen Kollaboration mit den deutschen Besatzungstruppen verurteilt und 1949 im polnischen Gefängnis gestorben war; die Mutter war schon seit 1947 tot. Das Waisenkind war auf der Straße des Nachkriegs-Warschau aufgewachsen. Manchmal hatte Ursula gearbeitet — als Kellnerin in einem Café und zuletzt als Sekretärin in einer Abteilung des Innenministeriums ... War sie von dort weggelaufen — oder weggeschickt worden?

»Doc« stellte sich solche Fragen nicht. Er war vom Charme und vom Schicksal Ursulas fasziniert und steigerte sich allmählich in eine mehrfache Rolle hinein: die eines Beschützers, Vaters und Liebhabers. Er mietete für Ursula ein möbliertes Zimmer, wo sie sich mehr als ein Jahr lang am Abend trafen — stets nach Scarbecks spätem Dienstschluß. Mehr als ein Jahr war vergangen, als am Tag vor Weihnachten 1960 plötzlich jemand die Tür zu Ursulas Wohnung aufschloß und eine Blitzlicht-Kamera auf das erschrockene Paar richtete. Hinter dem »Fotografen« standen zwei »Milizionäre«, uniformierte Polizisten, die das Mädchen sofort »wegen Verdachts der Prostitution« festnehmen wollten. Doch es war da auch ein finster blickender Herr in Zivil, der nun freundliche Miene machte und sich zu Scarbeck auf den Bettrand setzte.

»Das kann peinliche Folgen für Sie haben«, sagte er in mitleidigem Tonfall. Aber die Drohung, daß solche Fotos ja an den Botschafter gelangen könnten, verfing bei »Doc« nicht. Vor kurzem erst hatte ihm der ägyptische Botschafter lachend erzählt, daß er seinen Diplomaten geraten habe, solche Erpressungsversuche mit der Bitte um möglichst viele Kopien der »aufregenden Fotos«zu beantworten. Vom US-Botschafter Jacob Beam, »Docs« Chef, war solche Gelassenheit zwar nicht zu erwarten, aber als pedantischer Puritaner würde er die Sache auch nicht an die große Glocke hängen — dachte Scarbeck. Dann aber schlug der Erpresser einen anderen Ton an: »Sie werden das Mädchen nie wiedersehen, wenn Sie nicht mit uns zusammenarbeiten! Die Dame wird wegen Devisen-Schwarzhandel vor Gericht gestellt und dann in ein Armee-Bordell verfrachtet.« Daß es derlei im damaligen Polen weder in der Armee noch sonstwo offiziell gab, wußte Scarbeck nicht; er hatte sich mit den Verhältnissen im Lande kaum je beschäftigt. Schockiert flüchtete er sich in die Rolle des Retters. Gegen fünf Uhr morgens erklärte er sich bereit, dem polnischen Geheimdienst »behilflich« zu sein, aber — so wurde ihm pietätvoll zugestanden — »erst nach den Weihnachtsfeiertagen« ...

Was Scarbeck dann in den ersten Monaten des Jahres 1961 lieferte, waren zunächst eher harmlose »Geheimnisse«: das interne Telefonverzeichnis der US-Botschaft, Personalien, Klatsch. Erst als sich Scarbeck bemühte, seine Freundin außer Landes zu schaffen, stiegen die Preise, aber auch jetzt aber weigerte er sich, den geheimen Chiffrier-Code auszuliefern. Es dauerte Monate, bis er endlich etwas mit dem Stempel »Geheim« beschaffen konnte: drei Dokumente, aus denen die polnischen Kommunisten vor allem erfahren konnten, was die Amerikaner über sie dachten und was sie von ihnen zu wissen glaubten. Dafür sollte Ursula Discher wenigstens einen Auslands-Reisepaß erhalten. Um jedoch wirklich reisen zu können, bedurfte es auch eines Einreise-Visums. Und das bekamen Polen in westlichen Konsulaten schon deshalb nicht so einfach, weil dort Leute, die mit Pässen kamen, leicht verdächtig erschienen: Warum ließen die Kommunisten sie reisen?

So flog Scarbeck im April 1961 zunächst allein nach Frankfurt am Main und suchte Hilfe bei einem alten Nachkriegsfreund namens Fritz, der bei der Polizei beschäftigt war. Der besorgte mit Hilfe der Geburtsurkunden der deutschen Eltern Ursulas für diese zunächst eine Einreisegenehmigung, und dann schickte er ein fingiertes Telegramm nach Warschau: Ursula Dischers Bruder (den es gar nicht gab) liege todkrank in Frankfurt. Das war der bürokratische Trick, den Scarbeck mit seinen polnischen »Betreuern« verabredet hatte. Und so bekam Ursula, scheinbar ganz normal, die nötigen Ausreisepapiere. »Schweren Herzens« lasse man sie ziehen, sagten Scarbecks geheimdienstliche Betreuer. Allerdings war sie zur Pression schon nicht mehr nötig, denn Scarbeck saß ohnehin im Netz.

Zunächst kam Ursula allein nach Frankfurt, von »Docs« Freund Fritz nicht nur begrüßt, sondern sogleich in einer der leerstehenden amerikanischen Dienstwohnungen untergebracht. Eine Woche später kam auch Scarbeck für ein paar Tage. Schon aber war in der Polizeidirektion der Mainmetropole Mißtrauen wach geworden: Es war doch sehr sonderbar, daß sich da ein amerikanischer Diplomat mit einer jungen Polin traf, deren Visum bald ablief. War sie etwa eine Agentin? So »unauffällig«, daß es Scarbeck auffiel, folgte »man« seinem Wagen, mit dem er Ursula den schönen Taunus zeigte. Scarbeck beschwerte sich sogar gegen die Belästigung bei der deutschen Polizei, bevor er nach Warschau zurückflog. Dort erwartete ihn die Nachricht seiner Versetzung — zum amerikanischen Konsulat in Neapel. Vorher könne er ruhig noch Urlaub machen, hieß es. Vielleicht in Deutschland?

Als Scarbeck Ende Mai mit seiner Familie abreiste (Frau und Kinder wollten Ferien im Rheinland machen), schüttelte er dem verdutzten polnischen Grenzoffizier auf dem Warschauer Flughafen lange die Hand. »Eine schöne Zeit hatte ich hier«, sagte er auf polnisch. Im Gepäck hatte er kristallne Wodkagläser — das Abschiedsgeschenk des Geheimdienstes, das ihm der Beamte mit der Kavaliersbemerkung überreicht hatte: »Wir bedauern sehr, manchmal mit unfeinen Methoden arbeiten zu müssen.«

Kaum auf deutschem Boden gelandet, wurde Scarbeck zur amerikanischen Botschaft in Bonn gebeten. Aus scheinbar heiterem Himmel wurde er hier plötzlich mit der Anklage konfrontiert: »Sie sind ein Spion der Polen geworden!« Eine ganze Nacht lang verhörte ihn ein amerikanischer FBI-Beamter. Scarbeck ahnte nicht, daß eigentlich keine handfesten Beweise gegen ihn vorlagen, nur starke Verdachtsmomente. Unversehens wurde das Gespräch in ähnlichem Stil geführt wie jenes nächtliche in Ursula Dischers Warschauer Schlafzimmer. Sie selbst, nun unter amerikanischen Fittichen, wurde jetzt von der anderen Seite ins Spiel gezogen. Und schließlich, dem seelischen Zusammenbruch nahe, gestand Scarbeck alles. Es war nicht einmal so viel, daß es ausreichte, ihn sofort zu verhaften. »Ich habe doch nur einen Menschen retten wollen«, stöhnte er mit der Pose des moralischen Helden. »Und dann meine Familie . . .«

Noch als freier Mann, doch sorgsam »beschattet«, flog er nach Washington, wo man ihm erst nach Tagen Handschellen anlegte — auf offener Straße. Denn jetzt erst schienen die Beweise zur Anklage auszureichen. Botschafter Jacob Beam in Warschau hatte emsig alles auch nur scheinbar Wichtige zusammengetragen (»verratene interne Telefonnummern«!) und dachte nicht dran, den Fall zu bagatellisieren, wie ihm diplomatische Kollegen aus Mitleid für den »Doc« geraten hatten.

Der Prozeß enthüllte dann eine Tragikomödie menschlicher Dummheit, eine Mischung aus Illusion und banalem Versagen. Scarbeck war kein James Bond. Aber im Prozeß wurde er zum Super-Agenten hochstilisiert und schließlich zu dreißig (!) Jahren Gefängnis verurteilt. Mehr als ein Jahrzehnt davon hat er abgesessen. »Begnadigt« fiel er ins gnadenlose Nichts. Mitte der siebziger Jahre entdeckte ihn ein einstiger Kollege unter bettelnden Gammlern in New York. »Doc« lief schreiend davon. Und Jahre später fand man ihn auf einer trostlosen Straße liegend, tot.

Quellenhinweis: Aufzeichnungen über Gespräche des Verf. mit S. 1959—61; »Frankfurter Allgemeine Zeitung« (Ste./Warschau) v. 15. 6. und 16. 11. 1961; Mitteilungen des ehem. Diplomaten Th.A. Donovan (vgl. dessen Erinnerungen in »Foreign Service Journal«, Okt. 1975 u. April 1977).

11. Hauskaplan beim gottlosen Diktator

Ungläubig rieben sich fromme Leser die Augen, aber es stand schwarz auf weiß in der Vatikanzeitung »Osservatore Romano«:

». . . Die Menschheit schreitet schicksalhaft dem Sowjetismus entgegen. Es ist nur eine Frage der Zeit. In hundert Jahren wird es keine andere Regierungsform mehr unter den zivilisierten Völkern geben. Dennoch glaube ich, daß auf den Trümmern der gegenwärtigen Institutionen die katholische Hierarchie weiterleben wird . . .«

Das Zitat stand unter der Schlagzeile »Gedanken Lenins über den Katholizismus« über einem zweispaltigen Artikel am 23. August 1924 im päpstlichen Tagblatt; es handle sich, so schrieb die Redaktion, um »persönliche Erinnerungen eines uns bekannten ausländischen Priesters und häufigen Mitarbeiters«, dessen Name jedoch verschwiegen wurde. Er habe, so behauptete er, den sowjetischen Revolutionär und Diktator, der sieben Monate vorher gestorben war, kurz vor dem Tode besucht und im Moskauer Kreml interviewt. Dabei sei der kranke Tyrann so sanft und milde gewesen — »wie damals, als ich ihn in Paris kennengelernt habe . . .«

Zweifel und Zorn, die sich in weltweiten Reaktionen auf diesen Artikel widerspiegelten, mündeten in der Vermutung, hier handle es sich um den dilettantischen Versuch des Vatikans, »gutes Wetter« zu machen für seine damals laufenden Versuche, mit den sowjetischen Religionsverfolgern ins diplomatische Gespräch zu kommen. Einen Monat später durfte nämlich der geistliche Lenin-Freund noch einmal in der Vatikanzeitung »persönliche Erinnerungen« an den toten Lenin ausbreiten: der habe es doch gar nicht so grausam gemeint, wie es jetzt seine Nachfolger praktizieren . . .

Wer war der anonyme Autor? Eine fiktive Figur, im Vatikan erfunden? Oder ein Hochstapler, auf den naive Prälaten hereingefallen waren? Der Mann existierte und war wirklich mit Lenin zusammengewesen, sogar schon sieben Jahre vor der russischen Oktoberrevolution. Als ungarischer Journalist war der 40jährige Viktor Bede 1910 in die französische Hauptstadt gekommen und hatte sich mit seinem gleichaltrigen russischen Kollegen Wladimir Uljanow angefreundet; dieser hatte im gleichen Jahr eine Wohnung in der Marie Rose-Straße bezogen, unweit vom Boulevard Montparnasse (wo Bede wohnte). Uljanow schrieb unter dem Namen »Lenin« für die Untergrundzeitung »Proletari« und ließ sich sein Emigrantendasein durch Banküberfälle seiner Genossen in Rußland finanzieren. Mit Bede unternahm er nicht nur Fahrradtouren, oft saßen beide auch zusammen in jenen Pariser Cafés, wo man Neuigkeiten erfuhr und wichtige Leute kennenlernte. Zum Beispiel den sozialistischen Finanzminister Joseph Caillaux, der plötzlich abgesetzt wurde, weil seine Frau 1914 den Chefredakteur des »Figaro« erschoß ...

Zu dieser Zeit, beim Ausbruch des Ersten Weltkriegs, hatte sich Lenin schon in die Schweiz abgesetzt, Viktor Bede aber geriet in die Fänge der französischen Spionageabwehr. Hatte der Ungar also nicht nur für Zeitungen der nun feindlichen K. und K.-Monarchie berichtet? Obwohl ihn sogar ein Militärgericht kurz nach Ausbruch des Krieges verurteilte, gelang ihm eine abenteuerliche Flucht über die Alpen in — die Schweiz. Nein, nicht zu Lenin, der in Zürich auf seine Stunde wartete, Bede fand in einem Kloster in Graubünden Zuflucht. Ein alter Freund und Gönner, der österreichische Dominikaner Andreas Frühwirt, der zu dieser Zeit päpstlicher Nuntius in München war, ermöglichte es Bede, als »Spätberufener« Theologie zu studieren. Nach der Priesterweihe in Chur kam Bede Anfang der zwanziger Jahre nach Rom, wo Frühwirt inzwischen Kardinal geworden war und seinen Freund als Journalisten dem »Osservatore Romano« empfahl.

Konnte er wirklich, wie er behauptete, »wenige Monate vor Lenins Tod« zu diesem nach Moskau reisen? Lenin starb am 21. Januar 1924, war aber schon seit Mai 1922 beinahe total sprachgelähmt. Kurz vorher jedoch war es am Rande der internationalen Rapallo-Konferenz zu den ersten vatikanisch-sowjetischen Kontakten gekommen, eine päpstliche Hilfsmission für das hungernde Rußland bereitete sich vor, ja im März 1922 war darüber sogar ein sowjetisch-vatikanisches Geheimabkommen geschlossen worden. Es trug die Unterschrift des sowjetischen »Handelsvertreters« in Rom, Waclaw Worowski (siehe Seite 33), der auch zu den Pariser Emigranten um Lenin gehört hatte und aus jener Zeit auch Viktor Bede kannte. Worowski war es also, der ganz diskret für Bede ein Reisevisum nach Moskau beschaffte. Noch vor Lenins erstem Schlaganfall kam es so, im Frühjahr 1922, zur Begegnung der »alten Kollegen«, wie sie Bede dann beschrieb:

»Lenin empfing mich mit der gewohnten Freundlichkeit und ermutigte mich, ihn öfter zu besuchen. Das könne ich auch ohne Schwierigkeit, da außer Lenin niemand wußte, daß ich katholischer Priester war und weil ich vom mächtigen Diktator auch mit den besten Dokumenten ausgestattet war.« Bede gewann den Eindruck, daß dieser Lenin selbst ein Opfer seiner Ideologie, eines »politischen Mystizismus« geworden sei, und er zitierte Aussprüche Lenins, die freilich auch aus den Pariser Jahren stammen konnten:

»Was willst du? — so fragte er mich eines Tages (!) — auch wenn mich alles anwidert, wir Sowjets müssen die radikalsten Mittel anwenden, um alle unserem Programm feindlichen Elemente zu entfernen. Mit diesen Leuten kann man nicht vernünftig reden — so wie man es nicht mit einer Giftschlange kann, die beißt. Man tötet sie ... Die Kraft deiner Kirche beruht ganz auf Moral und nicht auf Zwang. Aber die Menschheit braucht das eine und das andere. Und deshalb, so schloß Lenin, indem er jedes Wort betonte — sehe ich von jetzt bis in einem Jahrhundert nur eine Form der Regierung: die sowjetische, und nur eine Religion: die katholische. Dein wie mein Ideal wird sich verwirklichen — schade nur, daß es uns beide dann nicht mehr geben wird ...

Du hast unrecht, Lenin, es wird uns geben! — antwortete ich bewegt. Und viel früher als in einem Jahrhundert werden wir im anderen Leben die wahre Gleichheit sehen im Triumph der katholischen Wahrheit!

Nachdenklich schwieg er. Ich konnte mir ja keine Zustimmung von diesem perfekten Rationalisten erwarten, aber auch keinen Widerspruch von dem höflichen Menschen, der er war.«

Und Punkt. So stand es also am 23. August 1924 in der Vatikanzeitung. Hatte denn der anonyme Besucher diesem Lenin sonst nichts zu sagen gehabt? So erregten sich alsbald fassungslose Kritiker. Und schon am 24. September beteuerte Bede in einem zweiten Artikel, daß er Lenin durchaus Vorhaltungen gemacht habe wegen der Grausamkeiten der russischen Revolution. Lenins Antwort: »Wir sind doch Engel im Vergleich zum früheren Regime.« Bede, nun fast im Ton eines »advocatus diaboli«: Sowjetismus und Kommunismus seien zwei verschiedene Dinge, der letztere eine Utopie, jener aber eine Art Regierungsform, die »auch von christlichen Soziologen« empfohlen werde, und die vielleicht einmal den Parlamentarismus ersetzen könnte. In den katholischen Klöstern sei doch der »reinste Kommunismus« schon verwirklicht ...

»Ich sollte wohl eure Klosterbrüder kommen lassen, damit sie die Bauern gegen die Sowjets aufwiegeln? — sagte Lenin und fixierte mich mit seinen scharfen Augen. Ich sah, daß die Ideen in ihm stritten, dann murmelte er: Nein, das ist unmöglich. Ich bedrängte ihn, daß er doch religiöse Freiheit zugestehen sollte. Da fragte er mit scharfer, sarkastischer Stimme: Dein Papst hat dich wohl zu mir geschickt? Es war der Ton des Diktators, nicht mehr des Freundes. Ich versicherte, daß ich keinerlei Mission habe, daß niemand, auch kein engster Freund, wußte, daß ich nach Moskau gefahren war.« Da habe sich Lenin beruhigt, ja nachdenklich gemeint, er habe nur noch kurz zu leben, vielleicht würden andere nach ihm humanere Methoden anwenden können.

Ein wirkliches, ein ganz oder teilweise erfundenes Interview? Wahrscheinlich mischten sich Wunschdenken und Wirklichkeit in dem mysteriösen Moskaupilger. Für seine (im Herbst 1924) geäußerte Vermutung, daß Lenin, wäre er am Leben geblieben, die blutige Religionsverfolgung durch Stalin nicht gebilligt hätte, gibt es zwar Anzeichen: Stalin hatte den Sterbenden nicht ohne Grund von der Umwelt isoliert und sein Testament fälschen lassen.

Aber auch der Lenin-Freund Bede bleibt im Zwielicht. Vielleicht nicht von ungefähr fand er 1925 in Rom bei einem Mann Unterschlupf, der zu ähnlichen Utopien neigte: bei Bischof Alois Hudal, dem Rektor des österreichisch-deutschen »Anima«-Kollegs. Wie Bede von einem »katholischen Kommunismus« Lenins träumte, so schwärmte Hudal später von einem »christlichen Nationalsozialismus« Hitlers. Diesem »braunen Bischof« beichtete Bede (den Hudal in seinen Memoiren als »armen Bruder« beschreibt), daß er »in die Fangarme der Freimaurerei, schlechter Boulevardweiber« — und Lenins geraten sei ...

Noch 1929 wünschte sich Bede eine »Allianz zwischen dem Kommunismus und der größten moralischen Macht, dem Papsttum«; durch eine Reise in die Sowjetunion wollte er wieder »zunächst ganz inoffiziell« Fäden anknüpfen. Denn schließlich habe ja auch der faschistische Duce Mussolini gerade mit dem Vatikan Frieden geschlossen (in den Lateran-Verträgen), so schrieb Bede — diesmal nicht im »Osservatore Romano«, sondern am 8. August im deutschen »Oberschlesischen Kurier«. Und die »Germania«, die Zeitung der deutschen katholischen Zentrumspartei, bescheinigte ihm deshalb sogar »erstaunliche politische Gewandtheit«. Ganz im Gegenteil aber warf ihm nun die Vatikanzeitung am 22. August 1929 »unbegründeten Optimismus« vor. »Seine Thesen auch nur zu diskutieren, wäre Zeitverschwendung.«

So blieb Bede nur noch, Buße zu tun. Zumal ihm sein alter Freund, Kardinal Frühwirt, nicht nur die Sünden, sondern auch einen Berg finanzieller Schulden abgenommen hatte. Lenins »Seelsorger« durfte sich nach San Remo an der schönen Riviera zurückziehen, wo er freilich schon 1930, kaum sechzig Jahre alt, starb — als Hauskaplan eines Nonnenklosters.

Quellenhinweis: Aufzeichn. eines Gesprächs des Autors mit Prof. F. Alessandrini (Osservatore Romano) am 15. 3. 1972; Alois Hudal, »Römische Tagebücher«, Graz, 1976; Antoine Wenger, »Rome et Moscou«, 1900—1950, Paris, 1987; Bericht der deutschen Vatikanbotschaft v. 15. August 1929 (Polit. Archiv des Auswärtigen Amtes).

12. Der Papst als Fürst von Liechtenstein?

»Wie eine fressende Krankheit« sei dieses Serbien ... Es klang kaum anders als achtzig Jahre später, was am 27. Juli 1914 Papst Pius X. im Gespräch mit dem österreichisch-ungarischen Gesandten in Rom sagte. Am nächsten Tag erklärte die Donaumonarchie Serbien den Krieg, aus dem ein Weltkrieg wurde. Ausgelöst worden war er einen Monat zuvor in Sarajevo durch mörderische Schüsse auf den Wiener Thronfolger. Und vier Tage vor diesem Attentat hatte der Vatikan mit Serbien ein Konkordat abgeschlossen, über das in Belgrad ein gewisser Monsignore Pacelli verhandelt hatte, der später — als Papst im nächsten Weltkrieg — viel Ärger mit der »Unparteilichkeit« seines Amtes haben würde ...

Eben dies Problem spitzte sich wieder einmal zu in jenem Sommer 1914, als vier Wochen nach Kriegsausbruch der alte römische Papst starb und ein neuer gewählt wurde. Natürlich wieder ein Italiener, der bisherige Erzbischof von Bologna, der nun als Benedikt XV. den Thron bestieg und — wie er sagte — »das Martyrium der Neutralität« auf sich nahm. Oder standen da etwa schon diskrete Wohltäter bereit, die es ihm versüßen würden?

Noch verhielt sich auch Italien neutral, obwohl es eigentlich im »Dreibund« sowohl dem Berliner wie dem Wiener Kaiserreich verpflichtet war. In Wirklichkeit neigte es freilich zum »sacro egoismo«, dem geheiligten Eigeninteresse, zu dem sich der italienische Regierungschef ganz offen bekannte. Gab es aber nicht auch für den Heiligen Stuhl ein eigenes — freilich weniger heiliges — Interesse in diesem Krieg? Seit 1870, als die Italiener den päpstlichen Kirchenstaat besetzt und Rom zur Hauptstadt ihres Nationalstaates gemacht hatten, saß jeder Papst in »selbstgewählter Gefangenschaft« lebenslang im Vatikanpalast. Auch wenn sein Herz noch so italienisch schlug, er litt ständig und trotz aller garantierten Privilegien (einschließlich dreieinviertel Millionen Lire Jahresgehalt) unter Macht- und Geldmangel. Bot ihm nun der Weltkrieg vielleicht eine Chance, diese leidige, seit Jahrzehnten schwelende »Römische Frage« zu seinen Gunsten zu lösen? Etwa mit Hilfe der einen — oder der anderen Kriegspartei? Beide Seiten witterten solche Gefahr — oder auch Chance ...

Aus Berlin reiste im Frühjahr 1915 dreimal ein junger Politiker nach Rom, der sogar bei seinen Parteifreunden in der katholischen »Zentrumspartei« (für die er im Reichstag saß) als allzu schlaues »Schlitzohr« galt: der 39jährige, aus einem Dorf auf der Schwäbischen Alb stammende Journalist Matthias Erzberger. Er brachte viel Geld für die leeren Kassen des Papstes mit, Spenden von reichen Katholiken, doch auch von Protestanten, die dafür Orden und Titel bekamen, sowie Mittel, die Erzberger aus staatlichen Geheimfonds locker zu machen verstand. Denn es ging ja um große Politik:

Erzberger versuchte, den Papst dafür zu gewinnen, daß er einerseits die Italiener überreden sollte, ihre Preisforderungen für Bündnistreue zu mäßigen (sie verlangten bislang Südtirol, Triest und Dalmatien von den Österreichern), andererseits sollte Benedikt XV. auf die Wiener Politiker einwirken, damit diese den Italienern etwas entgegenkämen. Erzberger rechnete dabei mit der Unsicherheit des neuen Papstes, dieses zwergenhaften, schüchtern wirkenden und zugleich geltungssüchtigen Mannes, der darunter litt, daß ihn die Römer abschätzig *»il piccoletto«*, den Knirps, nannten.

Wie aber hatte Erzberger überhaupt Zugang zu den päpstlichen Gemächern gefunden, ohne alle diplomatischen Umwege? Schon wenige Tage nach der Papstwahl im August 1914 war es ihm gelungen, einen Freund und Vertrauten (V-Mann würde man heute sagen) direkt neben den neuen Pontifex zu plazieren: Rudolph von Gerlach. Dieser bayerische Offizierssohn und preußische Leutnant, der die Uniform mit dem schwarzen Talar vertauscht hatte, wurde sogar Geheimkämmerer Seiner Heiligkeit — er, der einzige Deutsche im Vatikan. Und dies »trotz seiner amourösen Vergangenheit« (wie der britische Vatikan-Gesandte nach London berichtete). Der Papst kannte Gerlach aus idyllischen Bologneser Zeiten und von der kirchlichen Diplomatenschule in Rom, die beide besucht hatten.

Natürlich kümmerte sich Gerlach nicht nur, wie es seine Pflicht war, um die päpstliche Garderobe. »Dieser junge Prälat verdankt seine Vertrauensstellung, wie ich glaube, seinem einfachen und offenen Wesen, welches sich der komplizierten Natur des Papstes vielleicht eben durch eine gewisse naive Geradheit am besten anzupassen weiß«, so berichtete Österreichs Vatikanbotschafter Schönburg nach Wien. Er war stolz auf diesen guten »Draht«. Und er glaubte alles, was er »ganz geheim« auf diese Weise erfuhr — auch, daß der Papst immer kritischer gegenüber seinem italienischen Vaterland würde: Er betrachte es »nicht als Ehre, in diesem Land geboren zu sein«, so sollte er gesagt haben. Falls dies stimmte, erfuhr es gewiß auch die Gegenseite, die noch mehr Ohren im Vatikan hatte. »Die Deutschen haben den Vatikan informiert, daß sie ihm, falls sie den Krieg gewinnen, die Stadt Rom zurückgeben werden«, so konnte der britische Botschafter nach London berichten. Und sein französischer Kollege glaubte gar zu wissen, daß Prälat Gerlach »im Namen des deutschen Kaisers« dem Papst den Vorsitz bei der künftigen Friedenskonferenz — nach einem deutschen Sieg — angeboten habe ...

Gewiß war indessen nur, daß Italien am 20. Mai 1915 an der Seite der Westmächte in den Krieg zog, obwohl Erzberger noch am 1. Mai in die ewige Stadt geeilt war, um durch allerlei Intrigen und Versprechungen der Anti-Kriegs-Opposition den Rücken zu stärken. Für alle Fälle hatte er allerdings bei Gerlach auch Geld hinterlassen, damit der Monsignore weiter kriegskritische Zeitungen und Agenten-Informationen finanzieren konnte — alles unter dem Schutz der vatikanischen Mauern. Und ohne Wissen des Papstes?

Mehr denn je mußte sich jetzt Benedikt XV. im Vatikan als Gefangener Italiens fühlen. Doch nun erst recht bot sich für das eifrige Agentenpaar Erzberger-Gerlach die Gelegenheit, dem Papst eine Befreiung durch »Lösung der Römischen Frage« in Aussicht zu stellen und ihn so gegen den italienischen Feind auszuspielen. Erzberger hatte dazu einen seiner überschlauen Einfälle, der zunächst lächerlich erscheinen mußte:

Um wieder ein freies, souveränes Staatsoberhaupt zu werden und als solches international mitreden zu können, müßte der Papst nur wieder Herr über irgendein Stück Territorium werden. »Wenige Quadratkilometer würden genügen ...«, so hieß es in seiner völkerrechtlichen Studie, die Erzberger im März 1916 in einem Kölner katholischen Verlag drucken ließ, und die Gerlach in einem Brief nach Köln mit päpstlichem Segen ausstattete. Das Klima wurde so zubereitet für die eigentlich noch streng geheime Sensation: Der Papst sollte — *Fürst von Liechtenstein* werden!

Begeistert sei der Heilige Vater von dem »großartigen Plan«, auf solche Weise wieder Oberhaupt eines (wenn auch nur 160 Quadratkilometer kleinen) Staates zu werden, schrieb Gerlach am 4. April 1916 an Erzberger. »Seine Heiligkeit vertraut auf Sie, daß Sie diese so wichtige Sache durchbringen«. Gespannt sei er allerdings, ob der regierende Fürst von Liechtenstein, Johannes II., »dafür zu haben ist«. Der nämlich müßte nun in einem Brief den Papst bitten, sein Fürstentum »als Gabe für die Heilige Kirche und den jeweils regierenden rechtmäßigen Papst anzunehmen, ... da die Sache das Aussehen eines freiwilligen Geschenks aus Liebe zur Kirche haben muß«. Was aber sollte dann aus dem Fürsten werden? Müßte er sich auf seine — ohnehin größeren — Besitzungen in Österreich zurückziehen?

Aber nein, der Fürst sollte in seinem Schloß im Hauptstädtchen Vaduz weiter residieren, nun »als erblicher Reichsstatthalter« des Papstes, der selbst gar nicht nach Liechtenstein übersiedeln müßte. Die politische Rolle des römischen Pontifex bei Friedensverhandlungen nach dem Weltkrieg wäre so gesichert, und seine Dankbarkeit würde sich auch erweisen, falls Deutschland und Österreich den Krieg verlieren sollten ...

Alles war also fein ausgeklügelt, ganz nach dem Geschmack der beiden Erfinder des Plans. Nur *einen* Haken hatte die Sache: Das Fürstenhaus Liechtenstein, so fromm es war, machte nicht mit. Der Fürst selbst, »ein schwacher, kranker Mann« (Erzberger), ließ zwar durchaus mit sich reden, als während der Karwoche 1916 im

Wiener Erzbischöflichen Palais streng geheim über den Plan verhandelt wurde. Prinz Franz jedoch, der Thronfolger, wehrte sich »schroff und hochmütig« (Erzberger) gegen den Vorschlag: der nütze dem Papst ohnehin nichts, solange ihn Italien nicht anerkenne. Und überhaupt, wohin kämen wir, sagte die Schwester des Fürsten, »wenn Liechtensteiner nicht mehr in andere souveräne Häuser einheiraten könnten, weil sie ja nur noch Statthalter wären!«

So erntete der Erfinder am Ende nur Spott, als nach dem Krieg manches über das Liechtenstein-Projekt bekannt wurde. Erzbergers auch sonst umstrittene politische Rolle endete tragisch: Bei einem Spaziergang im Schwarzwald wurde er 1921 von Rechtsradikalen ermordet. So erlebte er nicht mehr, wie sein Rezept für die Lösung der »Römischen Frage« auf andere Weise ausgerechnet vom faschistischen Duce Mussolini verwirklicht wurde: Dieser schenkte dem Papst 1929 in den Lateranverträgen nicht ein fernes Fürstentum, sondern machte ihn zum Oberhaupt der »Vatikanstadt«, eines Zwergstaates mit 44 Hektar mitten in Rom.

Längst war zu jener Zeit auch Erzbergers Freund Rudolph von Gerlach verschwunden. Nach dem Scheitern des Liechtenstein-Plans war er zwar eifrig für den deutschen wie den österreichischen Geheimdienst tätig geblieben, geschützt durch die Soutane des Vatikanprälaten. Als jedoch britische Agenten in Zürich den Panzerschrank des österreichischen Konsulats aufbrachen, Gerlachs Spuren fanden und die italienischen Verbündeten informierten, wurde er in Rom verhaftet. Natürlich nicht lange — dafür sorgte schon sein Heiliger Vater. Es kam zwar zum Prozeß, bei dem Gerlach sogar vorgeworfen wurde, die Versenkung des italienischen Kreuzers »Benedetto Brin« im Hafen von Brindisi durch Sprengstoff-Ladungen organisiert zu haben. Aber das Kriegsgericht verurteilte ihn am 23. Juni 1917 zu lebenslänglicher Haft — *»in Abwesenheit«*. Denn Gerlach war vorher schon, wohlbehütet von Polizisten und Prälaten, über die Schweizer Grenze nach Lugano abgeschoben worden. Hier zog er bald seine priesterliche (Ver-) Kleidung aus und heiratete eine geschiedene wohlhabende Dame.

Belohnt mit dem Orden des Eisernen Kreuzes blieb Gerlach seinem »Hobby« auch nach der Niederlage des Kaiserlichen Deutschland treu, trat später jedoch nicht in Hitlers Dienste. Seine Spuren verlieren sich in England, wo er 1946 starb — »versöhnt mit der Kirche«, wie es heißt. Sein enttäuschter Papst Benedikt war ihm fast ein Vierteljahrhundert vorher schon vorausgegangen.

Quellenhinweis: Haus-, Hof- u. Staatsarchiv, Wien, Karton XI/274; Prof. M. Liebmann, Graz, in Bd. 85 des Jahrbuches des Hist. Vereins f. d. Fürstentum Liechtenstein; Robert A. Graham, »Vatican Diplomacy«, Princeton, 1959; Anthony Rhodes, »The Vatican in the Age of Liberal Democracies«, 1870–1922, London 1983; Alois Hudal, »Die österreichische Vatikanbotschaft 1806–1918«, München, 1952; Theodor Eschenburg, »Matthias Erzberger«, München, 1973.

13. Helden ohne Heiligenschein

»Schon wieder einer, der das Maul nicht halten kann!« — brüllte der Polizist und schlug dem Häftling auf den Kopf, der gleich darauf unter das Fallbeil gezerrt wurde. Es war am 22. März 1945, als der Priester Heinrich Maier seine letzten Worte über den Hof des Wiener Gestapo-Gefängnisses rief: »Es lebe Christus der König, es lebe die Freiheit und Österreich!« Wenige Tage vor dem Einmarsch der Russen in Wien, drei Wochen vor dem Ende der »großdeutschen« Hitler-Herrschaft, wurde der Kaplan der Pfarre St. Leopold in Gersthof als letzter zum Tode verurteilter Häftling hingerichtet. »Wegen Vorbereitung zum Hochverrat«, hieß es im Urteil des »Volksgerichtshofes«.

Ein Mann des kirchlichen Widerstandes? Märtyrer des Glaubens? Ein Held muß kein Heiliger sein. Doch der Widerstand des Heinrich Maier war solcher Art, daß er nicht nur jahrzehntelang in den historischen Standardwerken zu diesem Thema unbeachtet blieb, bis 1988 gab es nicht einmal eine Gedenktafel an seinem Wiener Pfarrhaus, und wer nach ihm fragte, konnte nach peinlichem Schweigen erfahren, dieser Maier sei ja wohl ein Verräter, ja, Anführer von Spionen gewesen.

Tatsächlich paßte er in kein klerikales Klischee, ja nicht einmal in ein politisches. Weltoffen und vital, ehrgeizig und unternehmungslustig, ein Pfarrer, »den man sich eher als Schiffskapitän vorstellen konnte« — so schilderten Freunde den 35jährigen »Heinz«, diesen Eisenbahner-Sohn, der in Rom studieren durfte, dann mitten im Krieg, 1942, ein zweites, nun philosophisches Doktorexamen besteht und zugleich gegen eine Anordnung seiner kirchlichen Obrigkeit verstößt, nämlich nicht »rein seelsorglich«, sondern politisch tätig wird. Jedoch nicht von der Kanzel, sondern im Untergrund. Enthaltsamkeit, zumal gegenüber dem verbrecherischen Regime, liegt Heinrich Maier nicht. Ob er überhaupt ein gläubiger Mensch sei, fragt ihn jemand vertraulich, und er antwortet: Vielleicht mehr als manche anderen, »aber ich bringe halt das Kerzenschlucken nicht zusammen ...«

So versteht der junge Priester auch politischen Widerstand nicht so sehr als idealistischen Kampf mit dem Bösen, sondern als praktische Aufgabe: Es gilt, die Niederlage Hitler-Deutschlands, die vorauszusehen ist, zu beschleunigen und ihre Folgen — vor allem für die österreichische Heimat — möglichst abzu-

Heinrich Maier (1908 — 1945).

mildern. Aber wie? Den Weg entdeckt Maier durch eine Frau, mit der er seit Jahren befreundet ist: Barbara Issakides, Ende zwanzig und schon international bekannt als Pianistin; sie wohnt nicht weit vom Gersthofer Pfarrhaus, wo sich Gleichgesinnte zu treffen pflegen.

Die schöne, in Wien geborene Griechin interessiert sich zwar kaum für Politik, doch sie haßt Hitler und will auch »etwas tun« — und sei es nur als Botin auf ihren Konzertreisen, bei denen sie ins Ausland, sogar in die neutrale Schweiz, reisen darf. So wie auch der Mann, in den sie sich verliebt hat, seit sie ihn bei Kaplan Maiers brisanten politischen Plauderabenden kennenlernte: Franz Messner.

Dieser Tiroler mit brasilianischem Paß, Sohn eines Gemischtwarenhändlers in Brixlegg, ist das, was man heute einen großindustriellen Manager nennt. Als dreißigjähriger Kaufmann war er 1925 nach Südamerika ausgewandert, machte als Europaexperte für den Kaffeeexport große Karriere und hatte es nach vier Jahren schon zu einer eigenen Kaffee- und Baumwoll-Farm bei São Paolo, zu einer Orangerie bei Rio de Janeiro und zum brasilianischen Konsul in — Wien gebracht. Hier auch mit der Sanierung der damals dahinsiechenden »Semperit«-Autoreifenwerke beauftragt, wurde Messner 1937 deren Generaldirektor und besorgte nach dem »Anschluß« Österreichs den für die deutsche Rüstungsindustrie wichtigen Natur-Kautschuk aus den Amazonaswäldern. Bald dehnten sich — auch dank Hitlers Krieg — die Semperit-Firmen zu einem Imperium aus, mit Unternehmen in Madrid, Paris, Brüssel, Mailand, Bukarest, Budapest, Istanbul, Sofia, Agram, Preßburg, Prag — und Brzezinka (Birkenau) bei Auschwitz ...

Natürlich mußte Franz Messner »geschäftlich« — so wie Barbara Issakides »musikalisch« — immer wieder in die Schweiz reisen, nach Zürich, wo im feinen Hotel »Belle Rive au Lac« der Verbindungsmann zu einem geheimnisvollen Büro in der Berner Herrengasse wohnte. Hier nämlich hatte sich seit 1942 Allen Welsh Dulles, der Europa-Chef des amerikanischen Geheimdienstes OSS — Offices of Strategic Studies — eingenistet und funkte alles nach Washington, was er aus Hitlers Machtbereich erfuhr. Nun auch durch ein — wie ihm schien — »seltsames Agenten-Trio«, geführt von einem Priester.

»Im September 1942 beschlossen Maier und Messner die wichtigsten Rüstungsbetriebe den Feindmächten preiszugeben, um einerseits einen Beitrag der österreichischen Widerstandsbewegung zum Sieg der Alliierten zu leisten und andererseits zu verhindern, daß die für friedensmäßige Erzeugung wichtigen Industrien und offenen Städte durch die feindliche Luftwaffe zerstört würden.« So heißt es in einem geheimen Untersuchungsbericht der Wiener Geheimen Staatspolizei vom Juli 1944. Bald schon gelangten genaue Lageskizzen und Produktionsziffern von Stahlwerken, Waffen-, Kugellager- und Flugzeugfabriken an die alliierten Generalstäbe. Sechshundert britische Bomber konnten so am 17. August 1943 der geheimen V-Raketenfabrik in Peenemünde und am 13. August den Messerschmitt-Flugzeugwerken bei Wiener Neustadt schwere Schläge versetzen. Nur seine Gummi-Betriebe versuchte Messner möglichst zu schonen; er lieferte jedoch erste, aus seinem Buna-Werk bei Auschwitz kommende Informationen über den Massenmord an den Juden — eine Nachricht, deren Ungeheuerlichkeit bei den OSS-Amerikanern in Zürich ungläubiges Staunen erregte ...

Angesichts solcher Greuel wurde es für die Widerstandsgruppe um Heinrich Maier immer wichtiger, den Krieg nicht nur durch Spionage für die »andere Seite« zu verkürzen, sondern auch die eigenen Landsleute aufzuklären, sie politisch auf eine künftige Friedensordnung vorzubereiten. Da erwog man im Gersthofer Pfarrhaus sogar eine neue kleine Donaumonarchie, zu der Österreich, Bayern und das italienische Südtirol gehören sollten; es wurden Flugblätter verfaßt, in denen Hitler als »Verräter des deutschen Volkes« entlarvt und der Militarismus als »Schande unseres Jahrhunderts« gebrandmarkt wurde. All diese Aktivität kostete freilich auch Geld, das Maier teils von dem wohlhabenden Messner bekam, teils durch diesen von den Amerikanern beschaffen ließ. Und eben dies wurde dann allen zum Verhängnis.

Anfang 1944 flog Messner nach Istanbul, wo sein Firmenvertreter, ein böhmischer Ingenieur, nicht nur für »Semperit« tätig war, sondern unter dem Decknamen »Dogwood« als OSS-Agent auch im türkischen Dschungel der Geheimdienste mitmischte. Durch ihn erfuhr Messner, daß die Amerikaner demnächst 100 000 Reichsmark für die Heinrich Maier-Gruppe bereitstellen würden — abzuholen in Budapest.

Dort, in der Hauptstadt des mit Deutschland verbündeten, aber deutschen Devisengesetzen nicht unterworfenen Ungarn, hatte »Dogwood« einen übereifrigen Mitarbeiter, der seit langem ein Doppelagent war. Als deutsche Truppen im März 1944 Ungarn besetzten (um dessen »Bündnis-Treuebruch« zu verhindern), wechselte dieser Agent vollends die »Firma« und ermöglichte es der deutschen Geheimen Staatspolizei, eine Falle aufzustellen: Durch fingierte Telegramme, die man Barbara Issakides nach einem ihrer Klavierkonzerte zuspielte, wurde Messner Ende März nach Budapest gelockt und die Pianistin an eine Wiener Deckadresse verwiesen, bei der sie das Geld abholen und Maier übergeben sollte. Und so konnten die drei »Hochverräter« und bald auch alle ihre Helfer »auf frischer Tat« verhaftet werden — Kaplan Maier in seiner Kirche nach der Morgenmesse.

Fast ein halbes Jahr dauerte es, bis am 27. und 28. Oktober 1944 ein kurzer Geheimprozeß über die Bühne des Wiener »Volksgerichtshofes« ging. Vorher waren die Angeklagten im Gestapogefängnis monatelang — oft bis zu dreißig Stunden stehend — verhört und unter Druck gesetzt worden. Sie wußten bald, daß auch die »Kassiber«, die sie zwischen den Zellen austauschen konnten, von der Polizei mitgelesen wurden. Sie sind in Abschriften für die Gerichtsakten erhalten; ihr Inhalt besagt mehr über den physischen wie psychischen Druck und den Versuch, ihm zu entgehen, als über die tatsächlichen Vorgänge:

»Heute war recht harter Tag ... Maier, das Schwein hat alles gestanden, sogar mehr als wahr ist ...«, schreibt Messner am 23. Mai 1944. »Ich sehne den Tod herbei, jeder Tag früher wäre mir lieber ... Warum sollte ich nicht auch dort, wo Maier übers Ziel schießt, ja und amen sagen?« Zunächst hatte der Priester tatsächlich Messner belastet, weil er meinte, dieser könne als brasilianischer Staatsangehöriger sich ohnehin leichter aus der Affäre ziehen. Und eben dies hatte die Gestapo auch Messner eingeredet, um ihn zur Aussage zu bewegen. Beim Prozeß jedoch widerrief Messner sein Geständnis, und Maier zog seine Beschuldigung zurück.

Die Todesurteile, die schon im voraus feststanden, wurden nicht sofort vollstreckt. Durch Folter versuchten Hitlers Schergen bis zum Frühjahr 1945 noch etwas aus den Verurteilten herauszupressen. Im Papierkorb landete ein förmliches Gnadengesuch, das der Wiener Kardinal Innitzer nach Berlin schickte — sein »Heil Hitler!«, mit dem er 1938 den »Anschluß« begrüßt hatte, war vergessen. Erst am 22. März 1945, fünf Monate nach dem Todesurteil, wurde Heinrich Maier hingerichtet. Auch Franz Messners Ende zog sich quälend hin; am 23. April erstickte er in der Gaskammer des Konzentrationslagers Mauthausen, kurz vor dessen Befreiung ...

Und Barbara Issakides? »Sie ist ein liebes Mädel mit viel Interesse für Fetzen und Freunde« — so hatte Messner in einem Gefängnis-Kassiber vom 29. Mai 1944 die Freundin zu entlasten versucht. Die Verhöre, wenn auch ohne physische Folter, zermürbten sie. Doch in den Protokollen der Gestapo-Verhöre, die erhalten sind, wurde offenkundig jede Spur ihrer Aussagen getilgt. Auch als im Herbst der Prozeß begann, tauchte ihr Name weder als Angeklagte noch als Zeugin auf. Warum?

»Magenkrank« geschrieben, überlebte Barbara im Gefängniskrankenhaus. Gleich nach Kriegsende konnte sie für ihre Freunde vom amerikanischen Geheimdienst, die eine »Party« gaben, musizieren. »Eine Frau von wilder Schönheit und innerem Feuer geradezu verklärt«, so erlebte sie noch der OSS-Offizier Alfred Ulmer. Dann heiratete sie einen prominenten Wiener Arzt — und verstummte. Zwanzig Jahre später, 1975, hat sie einen Historiker, der nach ihren Erinnerungen an Kaplan Maier fragte, abgewiesen: »Ich litt damals unter einem Schock und konnte mich nur mit Vergessen und Verdrängen wieder erfangen ...«

Verdrängen — das schien jahrzehntelang auch die katholische Parole zum Fall jenes Widerstands-Priesters Maier zu sein, der 1941 schon — ganz privat — kirchliche »Erstarrungserscheinungen«

beklagt hatte. Etwas davon wirkte noch in dem, was nach einem halben Jahrhundert in der Wiener Pfarre Gersthof den »Geköpften« ehren sollte: eine Holzstatue in verkrampft-moderner Manier, die Hände zum Ruf erhoben, aber — kopflos. Eben dies aber war er nicht.

Quellenhinweis: Volksgerichtshof- und Gestapoakten im deutschen Bundesarchiv, Abt. Potsdam; Norbert Rodt, »Zeugnis der Auferstehung. Dokumente und Bilder aus dem Leben des Priesters H. Maier« Wien, 1995; Franz Loidl in »Kirche u. Staat«, Berlin, 1976; Joseph E. Persico, »OSS Percing The Reich«, New York, 1979.

14. Polizisten machen Märtyrer

Immer sind Priester, die politisch predigen, umstritten. Doch nicht nur antiklerikale Liberale sehen sie ungern auf der Kanzel stehen, auch Diktatoren.

»Man kann die Hoffnung nicht töten! Was unsterblich ist — und das *ist* das patriotische Aufbegehren für die Freiheit — das läßt sich nicht töten!« So predigte der 37jährige Warschauer Pfarrer Jerzy Popieluszko Anfang der achtziger Jahre in seinen »Messen für das Vaterland«, zu denen sich tausende von Menschen versammelten. Nicht so sehr, weil sie so fromm waren, sondern weil da einer den verhaßten Kommunisten die Meinung sagte — und dies, während die Aufpasser und Mitschreiber der Polizei ohnmächtig inmitten der Menge standen. Sechzehnmal war der Pfarrer schon verhört worden, weil die Texte seiner Predigten, auch vervielfältigt, in ganz Polen verbreitet waren — aber ihn zu verhaften wagte die Polizei nicht. Allzu beliebt und geliebt war Popieluszko 1983, drei Jahre, nachdem die größte Freiheitsbewegung im Sowjetblock, die »Solidarność«, zwar gescheitert erschien, aber aus dem Untergrund weiterwirkte.

»Ich spreche darüber, was die Leute denken und was auszusprechen sie entweder keinen Mut oder keine Möglichkeit haben. Im Kampf gegen mich versuchen die Behörden Druck auszuüben, auch auf die bischöfliche Kurie. Es gibt auch primitive Versuche, mich zu belästigen, ich werde überwacht« — schrieb Popieluszko Ende 1983 in einem Brief, den er als Kopie auch dem Episkopat zuleitete. Dessen Sekretär, Bischof Orszulik, versuchte in der Gemeinsamen Kommission von Staat und Kirche Popieluszkos Bedeutung zu bagatellisieren: »Gewisse junge Priester sind eben unvorsichtig; sie sind das Spiegelbild einer revolutionierten Generation und beeindrucken ein paar tausend Leute, und in der Presse sieht es dann so aus, als ob es Millionen wären«, sagte Bischof Orszulik zu einem Regierungsvertreter. Und dieser entgegnete: »Wenn dieser Popieluszko das Beispiel für die Priester in Polen wird, worüber sollen wir dann noch reden?«

Immer peinlicher wurde für die regierenden Kommunisten in Warschau der junge Volksprediger, zumal nun auch aus Moskau kritische Stimmen kamen. Dieser ehrliche, etwas naiv-missionarisch gestimmte Kleriker, der aus einer Bauernfamilie in einem kleinen Dorf stammte und eigentlich Krankenhaus-Seelsorger, fern allem Politischen, gewesen war, wurde plötzlich zum großen Staatsfeind hochstilisiert:

»Was tut dieser politische Fanatiker, dieser Savonarola des Antikommunismus? Er gibt Zeugnis für den intellektuellen Niedergang eines Teils der Intelligenz. In seiner Kirche werden schwarze Messen des Hasses veranstaltet...« So schrieb der Regierungssprecher Jerzy Urban am 19. September 1984. Und genau vier Wochen später, am 19. Oktober, geschah das Ungeheuerliche:

Popieluszko, der im Auto seines Freundes Waldemar auf dem Rückweg von einer pastoralen Reise ist, wird in der Nähe von Thorn an der Weichsel von drei Männern in Polizeiuniform angehalten. Sie zerren den Geistlichen aus dem Wagen, schlagen ihn mit Fäusten und Holzknüppeln nieder, fesseln und knebeln ihn und auch seinen Begleiter. Popieluszko wird in den Kofferraum des Wagens geworfen, wo er beim Versuch, sich von den Ketten zu befreien, durch diese erwürgt wird, während es seinem Freund Waldemar gelingt, sich an unübersichtlicher Stelle aus dem davonrasenden Wagen zu werfen. Die Entführer, die zu Mördern geworden sind, versuchen schon gar nicht mehr, den entkommenen Waldemar aufzustöbern, sondern fahren mit Vollgas zu einem nahegelegenen Stausee der Weichsel, in den sie die Leiche des Priesters werfen.

»Die Mörder waren Agenten des Sicherheitsdienstes. Wie die meisten Priester stand Popieluszko unter der Kontrolle der 4. Abteilung der Geheimpolizei, und Offiziere dieser Abteilung entführten und ermordeten ihn. Aber wer hat sie angestiftet? Und auf Grund welcher verschrobenen pseudopolitischen Überlegung?« So schrieb acht Jahre später, schon nach der großen Wende, der letzte kommunistische Staatschef, General Jaruzelski. Er suchte Anfang der achtziger Jahre mühsam nach einer innenpolitischen Balance. Deshalb lag ihm gewiß nicht daran, aus dem unbequemen Popieluszko einen Märtyrer zu machen, der als solcher die Opposition erst recht mobilisieren würde. Genau dies aber zeichnete sich ab, noch bevor der entführte, scheinbar verschwundene Priester, am 30. Oktober 1984 erwürgt oder ertränkt aus dem Stausee geborgen wurde. Schon am Abend vorher trat das Regime die Flucht nach vorn an. Innenminister General Kiszczak selbst verkündete im Fernsehen:

»Mit größtem Bedauern muß ich feststellen, daß die Täter drei junge Funktionäre des Innenministeriums sind. Organisiert wurde die Entführung von Hauptmann *Piotrowski*, 33 Jahre alt, Abteilungsleiter im Ministerium, Diplom-Mathematiker, neun Jahre im Amt, unter Mitwirkung von Leutnant *Chmielewski*, 29 Jahre alt, Politologe, sieben Jahre im Amt, und Leutnant *Pekala*, 32 Jahre alt, Elektroniker, sieben Jahre im Amt. Ihre Tat hat nichts mit der von unserer Partei befolgten Methode zur Lösung politischer Konflikte zu tun.«

Noch war keine Rede von den Anstiftern und Hintermännern, von denen einer, der Geheimdienstgeneral Miroslaw Milewski, sogar noch im Politbüro saß. Dieser war — im Auftrag von Moskauer Scharfmachern, denen der Kurs der Warschauer Regierenden zu elastisch-liberal erschien — der eigentliche Drahtzieher. So vermutet jedenfalls in seinen Memoiren Mieczyslaw Rakowski, der letzte kommunistische Parteichef, der 1984 Vizepremier gewesen war.

Schon das Begräbnis des ermordeten Priesters wurde am 3. November 1984 zu einer politischen Demonstration. Lech Walesa, der Arbeiterführer und Volkstribun der verbotenen »Solidarność«, trat auf. Noch vor der Abreise nach Warschau hatte er in Danzig seine Anhänger gewarnt, ruhig Blut zu bewahren, sich nicht von den Drahtziehern des Mordes zu Gewalt provozieren zu lassen, sondern auf dem Weg der friedlichen Revolution zu bleiben. Jetzt, angesichts der Menschenmassen, die sich — ungehindert von Polizisten — mit Spruchbändern und

Sprech-Chören zur »Solidarność« bekannten, rief Walesa an der Bahre des Ermordeten: »Wir geloben dir, dem Diener Gottes, uns niemals der Gewalt zu beugen, auf die Lüge mit Wahrheit, auf das Böse mit Gutem zu antworten. Die ›Solidarność‹ lebt, weil du für sie dein Leben gegeben hast!«

Die Realisten unter den regierenden Kommunisten ließen nun mit dem Mut der Verzweiflung im Januar 1985 ihrem eigenen Sicherheitsdienst fünf Wochen lang den Prozeß machen — ein Vorgang ohnegleichen im Ostblock. Außer den drei Tätern, den Offizieren Piotrowski, Chmieleswki und Pekala, stand nun auch deren direkter Vorgesetzter Oberst *Pietruszko* in Thorn vor Gericht. Er leugnete den Befehl zum Mord (den es natürlich nicht schriftlich gab) und redete noch immer vom »marxistischen Humanismus« der Geheimpolizei.

»Sie sind ein Lügner! Von Ihnen und solchen wie Sie bin ich getäuscht worden . . .!« rief Hauptmann Piotrowski im Gerichtssaal seinem Chef zu. Und während sein mitangeklagter Kollege Chmielewski weinend beteuerte, es sei im Geheimdienst doch möglich, »Dinge zu machen, die gesetzlich verboten sind«, präsentierte sich Piotrowski, ein gelernter Diplom-Mathematiker, als betrogener Ordnungshüter: »Schauen Sie mich an, ich bin doch kein Monstrum! Ja, ich habe den Priester Popieluszko geschlagen und ins Wasser geworfen. Durch mich ist der Staatsfeind umgekommen. Aber ich schwöre Ihnen, daß ich vorher noch nie einen Menschen angerührt habe — glauben Sie denn, ich sei ein Sadist? Wir naiven Kommunisten wußten ja nicht, daß dieser Priester-Agitator von der Regierung, ja sogar vom Innenminister geschützt war.«

Am 7. Februar 1985 wurden die vier Polizeioffiziere, die eigentlichen Täter, zu Gefängnisstrafen zwischen 25 und 14 Jahren verurteilt, ohne daß jedoch die Hintergründe der Mordtat ganz aufgeklärt wurden oder die Hintermänner wirklich zum Vorschein kamen. In einem vertraulichen Brief an den Kirchenamtschef Lopatka zog der Sekretär der Bischofskonferenz vier Wochen später den Schluß: der Prozeß von Thorn habe immerhin aufgedeckt, daß dieses Amt für Kirchenfragen, dessen Chef gegen

»unwürdige Mittel« polemisierte, in Wirklichkeit gar nichts zu sagen hatte:

»Es zeigte sich, daß im Grunde nicht ein Verwaltungsorgan für kirchliche Angelegenheiten zuständig ist, sondern der Sicherheitsdienst.« Fast schüchtern mußte es Lopatka am 25. März 1985 zum erstenmal schriftlich zugeben: »Natürlich nutzt unser Amt auch Informationen aus dem Innenministerium, aber es tut dies nicht unkritisch.«

Noch peinlicher war die Lage für die polnischen Kommunisten geworden, als die Staat-Kirche-Kommission am 24. April 1985 zusammentrat. »Vorher waren wir uns doch einig, daß der Priester Popieluszko ein Extremist ist, aber seit seinem Tod macht man aus ihm einen Heiligen!« klagte Kirchenminister Lopatka, während ein Bischof dazwischenrief: dies sage man nur im Ausland. Aber die Regierungsseite am Verhandlungstisch jammerte weiter: »Wir haben Schwierigkeiten mit den sozialistischen Nachbarländern. Man wirft uns vor, daß wir Experimente ohne Erfolg machen; man versteht die Rolle der Kirche bei uns nicht. Wir haben einen polnischen Papst und doch keine besseren Beziehungen zum Westen. Und im Osten hält man uns für unsichere Partner. Sollen wir denn Selbstmord begehen?«

Es war wie eine dumpfe Ahnung dessen, was dann fünf Jahre danach wirklich geschah. 1987 war der polnische Papst bei seiner dritten Heimatreise am Grab Popieluszkos niedergekniet. Dreizehn Millionen Menschen haben von 1984 bis 1994 das Grab besucht. Freilich konnten auch im demokratischen Polen die eigentlichen Anstifter des Verbrechens nicht überführt werden. Im Sommer 1994 mußte ein Warschauer Gericht nach zweijährigem Prozeß die Vorgesetzten der Mörder, die früheren Geheimdienst-Generale Ciaston und Platek, freisprechen. Mangels ausreichender Beweise. »Banditen! Schande und Skandal! Nieder mit den Kommunisten!« — so protestierten die Zuhörer im Gerichtssaal. Vielleicht war es, wie die Warschauer »Polityka« schrieb, die »Berufs-Solidarität der alten Funktionäre«, die keine Beweise zutage förderte, die für einen Schuldspruch ausreichten. Aber im Zweifelsfall werden Angeklagte eben freigesprochen — jedenfalls in einem Rechtsstaat. Und für den hatte ja auch Jerzy Popieluszko von der Kanzel gekämpft ...

Quellenhinweis: »Tajne dokumenty Państwo-Kościól« (Geheimdokumente Staat-Kirche), Warschau-London, 1993; Lech Walesa, »Ein Weg der Hoffnung«, Autobiographie, Wien, 1987; M. F. Rakowski: »Jak to sie stalo« (Wie das war), Warschau, 1991; Krystyna Daszkiewicz: »Uprowadzenie i moderstwo Ks. Jerzego Popieluszko« (Entführung und Ermordung von J. P.), Poznań (Posen), 1990.

15. Hochstapler als Friedensvermittler

Keine Uniform verriet seine Herkunft, ganz zivil wirkte der geheimnisvolle Besucher, der sich an jenem 15. Oktober 1942 in Rom an der Pforte des deutsch-österreichischen Priesterkollegs »Anima« meldete und dringend den Rektor Bischof Alois Hudal zu sprechen wünschte. Weder der nichtssagende Name noch der Rang des Besuchers schreckte ab, denn dieser SS-Obersturmbannführer Dr. Waldemar Meyer aus Berlin, der da im dritten Jahr des Zweiten Weltkrieges einen katholischen Bischof in Rom aufsuchte, wies ein Empfehlungsschreiben vor, das Eindruck machen konnte:

»Der Überbringer dieses Schreibens ist mein guter Bekannter, und möchte sich in ganz unverbindlicher privater Weise über die Möglichkeiten einer Bereinigung und eventuellen Neuordnung der Beziehungen zwischen Staat und Kirche in Deutschland informieren ... Darf ich sehr bitten, die ganze Angelegenheit als besonders vertraulich behandeln zu wollen ...

»Georg Herzog zu Mecklenburg« — so war dieser Brief unterschrieben, der den Bischof Hudal alsbald in Hochstimmung versetzte. Nicht nur weil ihm der Brief des Herzogs — den er als guten Katholiken kannte — Vertrauen zu dem seltsamen Besucher einflößte, sondern weil sich für Bischof Hudal, diesen Österreicher in Rom, plötzlich eine Perspektive aufzutun schien, von der er schon seit Jahren geträumt hatte: eine Verständigung, ein Brückenschlag zwischen katholischer Kirche und Nationalsozialismus, zwischen Hitlers Großdeutschland und dem Vatikan. Schon 1936, also zwei Jahre vor dem Anschluß Österreichs, hatte Hudal als Rektor des römischen Anima-Kollegs ein 300-Seiten-Buch geschrieben, das er sogar Hitler selbst mit enthusiastischer Widmung zuschickte. Hudal wollte damit » ... vom christlichen Standpunkt aus einen Weg zum Verständnis des Nationalsozialismus ebnen ...« Zwar seien »überspitzte« Formen der Rassendoktrin als unchrist-

Waldemar Meyer (mit Widmung für Bischof Alois Hudal).

lich abzulehnen, doch » ... niemand im katholischen Lager leugnet das Positive, Große und Bleibende, das in der nationalsozialistischen Bewegung gelegen ist ...«, schrieb Hudal.

Seitdem hatte der damals 51jährige Hudal den Ruf eines »braunen«, eines Nazi-Bischofs. Auch im Vatikan, der ihn aber nur milde maßregelte und nicht absetzte. Schwankend zwischen Widerstand und Anpassung, versuchte sich die katholische Kirche im Hitler-Reich zu behaupten. Auf einer Arbeitstagung der Kirchenexperten des Reichssicherheitshauptamtes wurde im September 1941 »streng geheim« bekräftigt: »Unser Endziel ist die restlose Zerschlagung des gesamten Christentums.« Allerdings wollte man mit Rücksicht auf die Stimmung der Bevölkerung » ... für die weitere Dauer des Krieges keine grundsätzlichen Maßnahmen gegen die Kirche und ihre Einrichtungen treffen«. Dennoch wurden im gleichen Jahr 1941 fast hundert Klöster in Deutschland aufgehoben und sogar kirchliche Prozessionen mit der Begründung verboten, man müsse im Krieg »Schuhsohlen sparen« ... Bischof Hudal hatte in einem Brief an Hitler die Einstellung des Kirchenkampfes gefordert und gebeten, zu Versöhnungsgesprächen mit dem Vatikan einen deutschen »Sondergesandten« nach Rom zu entsenden.

Zwar besaß der naiv-ehrgeizige Bischof dazu keinerlei vatikanischen Auftrag, aber als nun — Mitte Oktober 1942 — der SS-Sturmbannführer Meyer bei ihm anklopfte, war Hudal überzeugt, der große Augenblick sei gekommen. Im Empfehlungsschreiben des Herzogs zu Mecklenburg hieß es, Hudal möge diesem Herrn Meyer Gelegenheit geben, in Rom mit »einflußreichen Persönlichkeiten« in Verbindung zu treten. Und zu diesem Zweck war der SS-Führer auch noch mit einem Empfehlungsbrief an den päpstlichen Haushofmeister und Geheimkämmerer, Monsignore Arborio Mella, ausgestattet, mit einem Brief, der (so erstaunlich es klingt) von einem jüdischen Finanzmagnaten in der Schweiz stammte und der Meyer tatsächlich dann eine Audienz bei Papst Pius XII. verschaffte.

Wer aber war dieser ominöse Waldemar Meyer, der sich in führenden Kreisen des Hitler-Regimes ebenso wie in solchen der

Kirche und des deutschen Hochadels zu bewegen schien? Der Herzog von Mecklenburg hatte ihn eines abends 1940 im Berliner Hohenzollern-Schloß kennengelernt: als einen wohlhabenden Geschäftsmann mit hohem SS-Rang, der dennoch nicht — wie alle SS-Führer — aus der Kirche ausgetreten war, sondern sich als evangelischer Christ, ja Kritiker des Regimes, bekannte. Meyer gab

Bischof Alois Hudal.

vor, daß es Kräfte in SS und Partei gebe, die sich mit dem Vatikan verständigen wollten, und deshalb sei jetzt der Augenblick günstig für eine Sondierung in Rom. Der Herzog zu Mecklenburg, der ähnlich dachte (zumal seit die Nazis sein Schloß Remplin als »papistische Zelle« in Brand gesteckt hatten), faßte Vertrauen zu Meyer — auch weil dieser sich als persönlicher Freund des Fürsten Friedrich, des Chefs der katholischen Linie des Hauses Hohenzollern, ausweisen konnte. Wie aber kam dieser Waldemar Meyer zu solchen Verbindungen? Wer war er überhaupt?

»Nach unseren Personalunterlagen war Waldemar Meyer von 1913 bis 1919 der Chauffeur Seiner Kaiserlichen Hoheit des Fürsten Hohenzollern«, so lautete Jahrzehnte später die überraschende Auskunft des Hohenzollerschen Hausarchivs (in Sigmaringen). Waldemar Meyer, außerehelicher Sohn eines baltischen Prinzen und einer Berliner Arbeiterfrau, war gelernter Automechaniker bei Daimler-Benz und war auch Rennfahrer gewesen. Schon 1910 hatte er als 26jähriger für Mercedes den »Coup de Cannes« gewonnen und war in den zwanziger Jahren Autovertreter in Süddeutschland. Mit einer saftigen »Spende« hatte er sich von der Universität Innsbruck einen philosophischen Ehrendoktor-Titel erkauft, und 1932, kurz vor Hitlers Machtergreifung, war er schnell in die Nazipartei und in die SS eingetreten. Dazu hatte ihm sogar sein Chef, der jüdische Direktor der Frankfurter Adlerwerke, geraten, der sich davon Schutz vor den bevorstehenden antisemitischen Attacken versprach. Wegen seiner Beziehungen zu jüdischen Geschäftsleuten, denen er — für entsprechende Gegenleistung — die Auswanderung (auch mit Teilen ihres Vermögens) erleichterte, wurde Meyer 1942 bei seinen SS-Vorgesetzten denunziert. Doch den Vorwurf, ein Judenfreund zu sein, konnte er schnell entkräften, weil er der SS-Führung längst schon mit einer Nebenbeschäftigung diente, die eine gewisse Tarnung unumgänglich machte: »Seit 1933 bin ich ehrenamtlich im Nachrichtendienst — In- und Ausland — tätig.« So schrieb Waldemar Meyer Ende August 1941 in seinem Lebenslauf für die Personalakte des SS-Hauptamtes. Vier Wochen später hieß es in der Arbeitsanweisung der SS- und Polizeizentrale an ihre Kirchenspezialisten: »Das augenblickliche Hauptgewicht auf dem kirchenpolitischen Sektor liegt bei der nachrichtendienstlichen Arbeit ...«

Noch freilich ging der Motorsportler Meyer seinem Neben-Hobby anderswo nach. Seit Herbst 1941 gehörte er zum Sonderkommando eines SS-Sturmbannführers Freiherrn von Künsberg, der den Auftrag hatte, in allen Ländern, die Hitlers Armeen überfielen, Kunstwerke »sicherzustellen« — also zu rauben (siehe Kapitel 19). 1942 wurden kostbare Beutestücke aus sowjetischen Bibliotheken, Museen, Schlössern und Klöstern nach Berlin geschafft und eingelagert in der Hardenbergstraße 28 — das war Meyers Adresse als Vertreter der Adler-Werke. Hier in den leerstehenden Autohallen landeten nun zum Beispiel auch aus einer ukrainischen Bibliothek wertvollste Werke des 18. Jahrhunderts über Botanik. Und gerade für diese kannte Meyer einen interessanten Liebhaber: den früheren Berliner Finanzmakler und Kunstsammler Arpad Plesch, der inzwischen (als Jude) in die Schweiz emigriert war — und eben in der neutralen Schweiz hatte auch der clevere Meyer in den Kriegsjahren immer wieder zu tun.

»Meyer ist ein SS-Major in der Umgebung Hitlers und zur Zeit in besonderer Mission ...« So kann man im Bundesarchiv in Bern, in einem Fahndungsblatt der Schweizer Polizei nachlesen, die Meyer Ende 1942 beschatten ließ. Das mit »Hitlers Umgebung« stammte natürlich aus Meyers stets etwas hochstaplerischem Auftreten. In Wirklichkeit machte er für die SS (die sich für schweizerische Technik interessierte — und Devisen brauchte) und für sich selbst Geschäfte. Und so traf er sich auch mit dem Finanzmann Arpad Plesch, jenem alten Berliner Bekannten, der nicht nur Liebhaber besagter botanischer Bücher war, sondern über ganz ausgezeichnete Beziehungen zum — Vatikan verfügte.

Wie das? Plesch, der sich nicht einmal in der Schweiz ganz sicher vor Hitler fühlte, hatte sich 1941 taufen lassen: katholisch, und sogar im Petersdom in Rom. Pleschs Beziehungen zum Vatikan, dem er beträchtliche Geldspenden gemacht hatte, waren so gut, daß sogar Monsignore Montini — der spätere Papst Paul VI. — als Pate mitwirkte, als ihn der päpstliche Haushofmeister Arborio Mella taufte.

»Auf Grund eines Empfehlungsschreibens des Herrn Plesch an Monsignore Arborio Mella wurde ich im Herbst 1942 zur Audienz bei Seiner Heiligkeit Papst Pius XII. zugelassen ...« So schreibt der SS-Führer Meyer. Vorher war er mit Arpad Plesch im Züricher Hotel »Baur au Lac« zusammengetroffen und hatte versprochen, ihm auf Umwegen sein Berliner Haus abzukaufen. Und nun, kurz darauf, kam Meyer also nach Rom — nicht in Geschäften, sondern zum scheinbar großen kirchenpolitischen Spiel. Der Auftritt war wirksam in Szene gesetzt. Natürlich war die Papst-Audienz, die Pleschs Empfehlungsbrief Meyer verschaffte, eigentlich nur eine jener zwei-drei-minütigen Gruppenbegegnungen, bei denen Pius XII. einige Grußworte mit Besuchern zu wechseln pflegte. Aber allein die Tatsache einer Audienz diente Meyer später in Berlin als wichtiger Beweis für die angeblich vatikanischen Vorschläge, die er aus Rom mitbrachte. Außerdem hatte er es so geschickt eingerichtet, daß er gleichzeitig mit dem gefürchteten SS-Reichsführer Himmler — der Mitte Oktober 1942 Rom besuchte — eintraf. Und dies diente ihm dazu, bei der Begegnung mit Bischof Hudal so zu tun, als ob er, der SS-Sturmbannführer Meyer, im Auftrag höchster Kreise des Berliner Regimes auftrete. Daß Meyer, als er am 15. Oktober 1942 mit geheimnisvoller Miene bei Hudal vorsprach, vor allem aus eigenem Geltungs- und Spieltrieb handelte, wußte der Bischof so wenig, wie sich Meyer vorstellen konnte, daß Hudal — immerhin ein Bischof im päpstlichen Rom! — ganz ohne Rücksprache mit dem Vatikan aus eigenem Ehrgeiz und politischer Illusion handelte.

Was die beiden unter der hochtrabenden Überschrift »Ein kirchenpolitischer Befriedungsplan für Großdeutschland« verfaßten und was Meyer dann als »Geheimvorschlag« nach Berlin mitbrachte, war jedoch kein vatikanisches Papier, sondern ausschließlich das Produkt des Meyer-Hudal-Gesprächs. In dem Text (der sich 45 Jahre später in Hudals Nachlaß fand) wird zunächst versucht, die Nationalsozialisten von der Schädlichkeit ihrer Kirchenpolitik für ihre eigenen Interessen zu überzeugen:

»Wozu das Schlagwort vom Kreuzzug gegen die bolschewistische Gottlosigkeit, wenn wir im eigenen Lande nicht fähig und willens sind, in der religiösen Frage zu einer Lösung zu kommen ... Man müßte verblendet sein, um nicht jene geschlossene Phalanx zu sehen, die heute in gewissen Staaten aus emigrierten Juden und wegen ihrer religiösen Gefühle verletzten Menschen gebildet wird und das Dritte Reich leidenschaftlich bekämpft.« So wörtlich dieses Hudal-Meyer-Papier, das vorgab, alle positiven Kräfte — und dazu gehöre die Religion — für Hitlers Krieg mobilisieren zu wollen. Konkret wurde eine Trennung von Kirche und Staat vorgeschlagen, die der Kirche ihre Eigenständigkeit garantieren sollte — unter anderem durch Auflösung des Reichskirchenministeriums. Und die Gegenleistung? War sie etwa dadurch angedeutet, daß dieser »Befriedungsplan« kein Wort verlor zu dem, was im Zeichen von Hitlers angeblichem »Kreuzzug« geschah?

»Der Massenmord an den Juden ist total, nicht einmal Kinder und Säuglinge sind ausgenommen ... Schon zwei Millionen sollen getötet worden sein ...« So schrieb ein italienischer Staatsfunktionär, der in Polen gewesen war, in einem vertraulichen Bericht an den Papst am 7. Oktober 1942 — eine Woche, bevor SS-Führer Meyer zu Bischof Hudal kam. Bald darauf gab Pius XII. in seiner Weihnachtsbotschaft zum erstenmal öffentlich zu erkennen, was er wußte. Wörtlich sprach er von »Hunderttausenden, die ohne wirkliche eigene Schuld, manche nur wegen ihrer Nationalität oder Abstammung zum Tode bestimmt sind«. War das die Vorankündigung eines direkten päpstlichen Protestschreis? Dieser blieb aus. Aber allein schon seine Möglichkeit mußte in Berlin Besorgnis erwecken und konnte den Amateur-Vermittler Waldemar Meyer begünstigen, als er mit dem angeblichen vatikanischen Verständigungsvorschlag aus Rom zurückkam. Allerdings landete er damit nicht bei seinen SS-Freunden, sondern nur im Reichspropaganda-Ministerium. Hier waren Goebbels und seine Mitarbeiter gerade eifrig damit beschäftigt, die Katastrophe von Stalingrad zu verarbeiten. »Gemeinsam mit Dr. Meyer haben wir die Möglichkeiten erörtert, die für eine Versöhnung mit der katholischen Kirche bestanden«, erinnerte sich der Goebbels-Mitarbeiter Peter Gast noch 30 Jahre danach. »Die katholische Kirche sollte eindeutig gegen den Kommunismus Stellung nehmen und alle westlichen Nationen zum Kampf gegen ihn aufrufen.«

Beflügelt von solchem »Auftrag«, reiste Meyer im Februar 1943 wieder nach Rom — und wieder mit Empfehlungsschreiben des Herzog von Mecklenburg; eines war sogar — mit der Anrede »lieber Freund« — an den Fürsten Carlo Pacelli, einen Neffen des Papstes, adressiert. Der »ehrenamtliche« Agent Waldemar Meyer wurde nun als ein Mann vorgestellt, der »einen bedeutenden Vertrauensposten bei einer wichtigen deutschen Behörde bekleidet«. Wiederum aber fand Meyer in Rom nur den ebenso geschäftigen Bischof Hudal als Gesprächspartner. Dieser hatte gerade den Aufsatz eines italienischen Philosophen namens Orestano gelesen, der in Mussolinis faschistischer Monatszeitschrift »Gerarchia« die Kirchenpolitik des deutschen Verbündeten einer grotesken Kritik unterzog: sie stamme eigentlich aus »marxistisch-jüdischer Wurzel«, und das Neuheidentum der Nazis komme aus einem »germanischen Heimweh nach dem Urwald«. So müsse man fragen, ob sich Deutschland die künftige Ordnung Europas, für die es Krieg führe, christlich oder unchristlich vorstelle.

»Auf diese Frage geben doch die Worte und Taten der letzten zehn Jahre mit überwältigender Klarheit eine unzweideutige Antwort«, so schrieb sarkastisch Pater Robert Leiber, der persönliche Sekretär Pius XII., an Bischof Hudal, als ihm dieser den Orestano-Aufsatz als »Hoffnungszeichen eines Umdenkens« schickte. Hudals naive Erwartung, Hitlers Krieg gegen den Bolschewismus könne das »christliche Abendland« retten, wies der Sekretär des Papstes zurück: »Ausgerechnet der russische Staat und das russische Volk sind gezwungen, einen Krieg für die Rückgewinnung des eigenen heimatlichen Bodens zu führen. Insofern können wenigstens sie von einem heiligen Krieg sprechen ...«

Vielleicht war es diese Reaktion aus dem Vorzimmer des Papstes, die dem Bischof klarmachte, daß von einer Rückendeckung aus dem Vatikan für seine Verhandlungen mit dem SS-Führer Meyer keine Rede sein konnte — oder vielleicht nur dann, wenn die brennendsten Punkte beim Namen genannt würden. Und so entstand im März 1943 am Schreibtisch Hudals mit Hilfe Meyers ein zweites Papier, das als Ergänzung zum Projekt vom Oktober bezeichnet wurde. Es zählte Voraussetzungen einer kirchenpolitischen Befriedung auf, darunter eine Amnestie für Priester in den Konzentrationslagern, den Abbau jeder Diskriminierung von Gläubigen und — mit überraschendem Bezug auf das bislang ignorierte schreckliche Geheimnis: »Sofortige Einstellung der Judenmorde«.

Was aber wurde als kirchliche Gegenleistung in Aussicht gestellt? Schriftlich wollte sich da Hudal nicht festlegen, nur mündlich ließ er durch Meyer in Berlin mitteilen, daß »der Papst zum Kampf gegen den Kommunismus aufrufen würde«. Aber auch Meyer selbst war vorsichtig, als er wieder im Goebbels-Ministerium vorsprach. Nicht vom Mord, nur von der »Deportation« der Juden sprach er. Goebbels jedoch notierte am 3. März 1943 in sein Tagebuch: »Ich höre durch einen Vertrauensmann, daß der Papst die Absicht hätte, mit uns ins Gespräch zu kommen. Er glaubt vermutlich, daß es uns augenblicklich so schlecht geht, daß wir ihm wesentliche Zugeständnisse machen wollten. Davon kann natürlich keine Rede sein.«

Immerhin war es den beiden selbsternannten Unterhändlern also gelungen, ernst genommen zu werden — zumal sich Meyer auch noch interessant machen konnte mit der Mitteilung des geltungssüchtigen Bischofs: er selbst wäre bereit, als »Sondergesandter« nach Berlin zu kommen. Noch in seinen Memoiren behauptete Hudal, es sei eine Flugkarte Rom-Berlin für ihn schon bereit gewesen. Goebbels hatte den — wie er meinte — »vortastenden Fühler des Papstes« sogar bei Hitler zur Sprache gebracht. Taktisch könnte man ja in der Kirchenfrage kürzer treten, bemerkte der Diktator, der in diesen ersten März-Tagen 1943 alle Juden der Reichshauptstadt so brutal in die Vernichtungslager abtransportieren ließ, daß der Berliner Bischof Preysing den Papst — freilich vergebens — in einem Brief beschwor: »Wäre es nicht möglich, daß Eure Heiligkeit noch einmal versucht, für die vielen unglücklichen Unschuldigen einzutreten?«

Der Papst schwieg, um — wie er es formulierte — »noch größere Übel zu vermeiden«. Für ein solches hielt er es wohl auch, wenn Rom gegen die immer näherrückenden Amerikaner und Engländer verteidigt worden wäre. Große Kirchenpolitik oder gar »Befriedungspläne«, wie sie Hudal und Meyer betrieben hatten, waren jetzt nicht mehr aktuell. Daher wandte sich Meyer wieder von der Politik ab und seinem alten Sport zu: der Spionage, vermischt mit Geschäften.

In der Schweiz nahm er über seinen Freund Plesch 1943 Kontakt zum amerikanischen Geheimdienst auf. Nur kurz saß er nach dem Krieg als hoher SS-Führer in einem britischen Internierungslager. Und als er dann 1947 in München vor der Entnazifizierungs-Spruchkammer stand, konnte er eine schöne, wenn auch mit Lügen gespickte (vom Münchener Weihbischof gegengezeichnete) Erklärung Bischof Hudals vorweisen: »Ich bestätige, daß Herr Waldemar Meyer in meinem Auftrag ehrenamtlich die Niederschrift über eine Friedensvermittlung besorgt, die den Gegenstand wiederholter Aussprache in Rom bildete. Das ganze Material wird in der vatikanischen Druckerei verarbeitet und mit einem Kommentar offizieller Stellen versehen. Ich bitte alle deutschen und alliierten Stellen, diese Arbeiten gütigst zu fördern.«

Das wirkte, auch wenn es so nicht stimmte: Meyer wurde als bloßer »Mitläufer« anerkannt. Nach fünf erfolglosen Geschäftsjahren in Chile — von wo er sich auch vergebens einem alten Freund im Bonner Bundesnachrichtendienst anbot — starb er im 72. Lebensjahr 1956 in München. Bis zuletzt blieb er mit Bischof Hudal in Rom, der ihn sieben Jahre überlebte, in Briefkontakt, schwärmten sie beide von alten Zeiten . . .

Quellenhinweis: Hudal-Nachlaß im Archiv des »Pontificio Instituto Teutonico S.M. dell'Anima (Rom); Meyer-Nachlaß b. Ralf Meyer-Ohlenhof (München); Alois C. Hudal, »Römische Tagebücher«, Graz, 1976; d. Verf. in »Vierteljahrshefte f. Zeitgeschichte«, 1989, S. 299 ff.

16. »Unser« Mörder auf »eurer« Spur

Ein Schuß traf ins Weiße. Blutig rot verfärbte sich die Soutane des Papstes, während er in sich zusammensank. Es geschah am 13. Mai 1981. Langsam, schutzlos im offenen Geländewagen war Johannes Paul II., der polnische Pontifex, über den Petersplatz durch die Menge begeistert winkender Rompilger gefahren. Inmitten der vielen erhobenen Hände — kaum zwanzig Meter entfernt — eine Faust, die eine Pistole umklammerte, den Finger am Abzug. Der erste Schuß hatte nur den linken Zeigefinger des Papstes gestreift, das zweite Geschoß durchbohrte seinen Unterleib. Die schwere Verletzung überlebte der Papst, weil er schon eine Viertelstunde danach auf dem Operationstisch lag.

Der Attentäter wurde bereits wenige Augenblicke nach dem Mordanschlag gefaßt. Warum hatte er nicht, wie andere terroristische Todesschützen, aus sicherem Hinterhalt mit dem Zielfernrohr sein Opfer anvisiert? Warum hatte er sich — so offensichtlich ohne Fluchtchance — mitten in die Menge gestellt? Ein Verrückter? Ein krimineller Dilettant? Oder doch ein beauftragter Killer, Werkzeug einer raffinierten Verschwörung, die sich des Einzelgängers bediente? Und das Motiv?

Das waren die ersten in einer Flut von Fragen, auf die auch in zwei Prozessen — im Juli 1981 gegen den damals dreiundzwanzigjährigen Revolverhelden, den Türken Mehmet Ali Agca, dann 1985/86 auch gegen vier türkische und drei bulgarische seiner mutmaßlichen Komplizen — keine schlüssigen Antworten gegeben wurden. Umstritten blieb, wo die Spur des Verbrechens beginnt: im Sumpf der Drogenmafia, im Dschungel miteinander verfilzter Geheimdienste von Ost und West oder ganz einfach auf den Schreibtischen des Moskauer KGB und seiner Filiale in Sofia?

Schon drei Monate *vor* den Schüssen auf dem Petersplatz hatte der damalige Chef des französischen Geheimdienstes (SDECE),

Alexandre Comte de Marenches, durch seinen persönlichen Assistenten, Dr. Beccuau, den Vatikan höchst vertraulich warnen lassen, es drohe »aus dem Ostblock« Gefahr für das Leben des Papstes. Als jedoch der italienische Untersuchungsrichter mehr als zwei Jahre *nach* dem Attentat die beiden Herren in Paris mit französischer Amtshilfe befragen ließ, beriefen sich beide auf das »Staatsgeheimnis« und verweigerten jede Information. »Präsident Mitterrand persönlich hat sie dazu autorisiert«, heißt es dazu auf Seite 1202 des Untersuchungsprotokolls — kommentarlos. Und auch später wurde niemals dieses seltsame Verhalten erklärt oder auch nur zu klären versucht ...

Es war eine von unzähligen Merkwürdigkeiten. Was man in Paris lieber bei sich behalten wollte, war in verschiedensten Varianten auf dem internationalen stillen »Markt der Mörder« längst gehandelt worden — sogar auf dem Münchner Oktoberfest soll sich 1980 ein namentlich bekannter Türke bei Landsleuten der Krimiszene ganz offen umgehört haben, ob wohl jemand bereit wäre, für viel Geld eine prominente Figur, »etwa den Papst«, umzubringen. Das jedenfalls besagte eine der vielen Zeugenaussagen, der man glauben konnte oder auch nicht.

Unzweifelhaft aber war, was man nicht nur Zeitungsberichten längst entnehmen konnte, sondern auch Interpol-Fahndungslisten: Es gab einen gewissen Ali Agca, der am 26. November 1979 — 13 Monate *vor* dem Attentat in Rom! —, kurz vor einem Papstbesuch in der Türkei, einen Brief an die Istanbuler Zeitung »Milliyet« geschrieben hatte: er werde diesen Johannes Paul töten, diesen »als Religionsoberhaupt maskierten Kreuzritter«, den die »westlichen Imperialisten« geschickt hätten, weil sie ein Bündnis der Türkei mit ihren islamischen Bruderländern im Nahen Osten fürchteten. Die Morddrohung wurde am 28. November sogar von den »Turkish Daily News« mit Schlagzeile zitiert.

Agca war als Killer kein Unbekannter, schon gar nicht bei »Milliyet«; er hatte den Chefredakteur dieser großen linksliberalen Zeitung, Abdi Ipekci, am 1. Februar 1979 auf offener Straße in Istanbul erschossen, war Monate später gefaßt worden, jedoch drei Tage vor der Ankunft des Papstes in der Türkei aus dem angeblich sichersten Militärgefängnis entkommen — in Heeresuniform. Denn bis in die Armee selbst reichte das Zerwürfnis, das Ende der siebziger Jahre die türkische Demokratie in den Teufelskreis eines von rechts wie von links genährten Terrorismus zog (1979 mit 1 400 Morden).

In solchem Klima war der Student Agca, der 1958 in einer Lehmhütte des anatolischen Berglandes geboren war, zu den rechtsextremen »Grauen Wölfen« gestoßen. Deren »Führer«, der Oberst Turkes, predigte Kampf gegen den »slawischen Sado-Marxismus« und zugleich gegen den »eisigen angelsächsischen Kapitalismus«, während seine linksradikalen Konkurrenten von der »Türkischen Befreiungsfront« sich nicht minder nationalistisch und gewalttätig gebärdeten. In dieser verwirrenden, verfilzten Szenerie, die sich Händlern mit ideologischen oder mit wirklichen Drogen geradezu anbot, um im trüben zu fischen, bewegten sich aber auch Geheimdienstexperten der rivalisierenden Großmächte, des sowjetischen KGB wie der amerikanischen CIA — und auch so erregbare junge Leute wie Ali Agca.

Johannes Paul II. und Ali Agca am 27. 12. 1983 im Rebibbia-Gefängnis (Rom).

Den Umgang mit Waffen und Bomben lernte der Neunzehnjährige in syrischen und libanesischen Palästinenserlagern, wo auch entsprechende ideologische Cocktails verabreicht wurden. Doch, so heißt es in einer seiner späteren Aussagen, » . . . dazu kam der Abenteuerfaktor. Ich betrachtete mich damals als fortschrittlich . . . Politisch gesehen hatten wir Beziehungen zu Hunderten von Leuten der Rechten wie der Linken und auch zur Mafia.«

Nach seinem Brief mit der Morddrohung gegen den Papst verschwand Agca vom Herbst 1979 bis Sommer 1980 im spannungsgeladenen Grenzgebiet zwischen der Türkei und dem Iran. Der Boß der Waffenschmuggel- und Drogenmafia, Ugurlu, dessen Geschäfte vom rebellischen Kurdistan über den kommunistischen Balkan bis zu deutschen und schweizerischen Bankschaltern reichten, interessierte sich für den wirrköpfigen und zugleich zielstrebigen jungen Mann. Er besorgte ihm falsche Pässe und schickte ihn nach Sofia. Denn dort residierte — als gebe es keinen bulgarischen Polizeistaat — fast als Dauergast im sozialistischen Luxus des Hotels »Witoscha« der zweitwichtigste Mann der türkischen Mafia: Bekir Celenk — eine Schlüsselfigur unter den mysteriösen Gestalten bei der nun anlaufenden Vorbereitung des Papstattentats. Wie aber kam es dazu?

Neunzehn verschiedene, oft einander total widersprechende Darstellungen der Vorgeschichte seiner Tat, seiner Helfer und Hintermänner hat Agca vor, während und nach den Verfahren von 1981 und 1985 gegeben. Nachdem er im ersten Prozeß als Einzeltäter zu lebenslänglicher Haft verurteilt und im Gefängnis von Ascoli Piceno in den Abruzzen — zusammen mit italienischen Mafiosi! — untergebracht worden war, wurde er dort dreimal, zuletzt im März 1982, vom Vizechef des italienischen Geheimdienstes (SISMI) besucht. Es war General Musumeci, ein Sizilianer, der zweieinhalb Jahre später selber, in dunkle Affären verwickelt, verurteilt wurde.

Schon kurz nach diesem hohen Besuch aus Rom entschloß sich Agca plötzlich »auszupacken«, wobei er Richtiges und Falsches bunt vermischte. Jetzt endlich führte er den Untersuchungsrichter auf die »bulgarische Piste« (die er später total leugnete): Verhaftet wurde Sergej Antonow, der im römischen Büro der bulgarischen Luftlinie »Balkanair« auch sechzehn Monate nach dem Attentat noch ganz ruhig arbeitete, obwohl er doch angeblich an jenem 13. Mai 1981 den Attentäter zum Petersplatz gebracht haben sollte. Nur 300 Meter entfernt — ausgerechnet im Parkverbot vor der kanadischen Vatikanbotschaft! —, hatte er angeblich ganz gemächlich auf eine Rückkehr des (von niemandem verfolgten?) Pistolenschützen gewartet. In Abwesenheit angeklagt wurden der frühere bulgarische Militärattaché und der Buchhalter der Botschaft, die beide — lange nach dem Attentat — Rom unbehelligt verlassen hatten. Denn offenbar waren sie so wenig wie Antonow der italienischen Agentenabwehr aufgefallen — oder sollten sie gar nicht beschattet und abgehört worden sein?

Nach elf Monaten Prozeß — mit 18 000 Seiten Protokoll! — mußten sie alle am 29. April 1986 mangels Beweisen freigesprochen werden. Aber auch die »türkische Piste« verlor sich wie im Nebel. Gegen Cedar Celebi, der als Chef des »Türkischen Idealisten-Verbandes« (wie sich die Grauen Wölfe in Deutschland nannten) auf die Anklagebank in Rom geraten war, reichten die Beweise nicht aus. Ömer Bagci, der die Browning-Pistole bei einem Wiener Waffenhändler besorgt und über die Schweiz (wo er als Gastarbeiter wohnte) nach Mailand gebracht hatte, um sie hier Agca zu übergeben — er allein wurde verurteilt, doch zu nur 38 Monaten mit Bewährung; denn seine Behauptung, er habe nicht gewußt, daß Agca auf den Papst schießen wollte, konnte nicht widerlegt werden.

Ja, beim wahrscheinlich wichtigsten der angeklagten Hintermänner Agcas, jenem (freilich abwesenden) Mafiaboß Bekir Celenk, wurde am Ende überhaupt kein Urteil gesprochen. Von Anfang an hatte Agca auf Celenk, diesen unheimlich geschäftigen, zwischen Ost und West, London, Frankfurt, Sofia, Ankara, Zürich, München, Monaco und Mallorca pendelnden »Kaufmann«, als den unmittelbaren Anstifter zum Attentat hingewiesen: Im Juli 1980, bei einem Treffen in einem Sofioter Hotel, habe ihm Celenk drei Millionen Mark für die Untat in Aussicht gestellt, behauptete Agca.

Gewiß handelte dieser Celenk nicht nur, wie er beteuerte, mit Früchten, Gemüse und »bulgarischem Mineralwasser«, sondern mit Waffen, Heroin — und etwa auch mit Mord auf Bestellung? Gehörte derlei auch zur »Ware« auf der Transitstrecke durch Bulgarien? Die Firma »Kintex«, ein vielseitiges Staatsunternehmen, kassierte tüchtig Provisionen — auch dafür, daß die »Durschawna Sigurnost«, der bulgarische Stasi, beide Augen zudrückte. Und manchmal auch hilfreich offenhielt... Aber wo hatte die Polizei Westeuropas ihre Augen?

Erst nachdem Agca vor dem Untersuchungsrichter in Rom »auszupacken« begonnen hatte, kam Celenk im September 1982 auf die Interpol-Fahndungsliste. Er verlor jedoch keineswegs die Nerven, wechselte auch nicht Paß und Namen, als er davon erfuhr; erst Anfang Dezember flog und floh er über München und Wien nach — Sofia. Dabei gab es schon seit Ende Oktober gegen ihn auch einen italienischen Haftbefehl, in dem es hieß, er stecke in Sachen Papstattentat mit dem bulgarischen Geheimdienst unter der Decke. Hätte er da nicht zuallerletzt in Bulgarien — und wenn dort, dann nur heimlich — Unterschlupf suchen dürfen?

Oder war es ein besonders raffinierter Schachzug, daß er nun gerade dort ganz öffentlich — natürlich als Unschuldsengel — auftrat? Offenkundig ließ sich Celenk nur allzu gerne mit dieser Rolle, die er sogar in Pressekonferenzen spielte, von der bulgarischen Justiz festhalten — »unter Kontrolle«, wie sein luxuriöser Hotel-Hausarrest seit dem 9. Dezember 1982 amtlich genannt wurde. Über zweieinhalb Jahre blieb es dabei. Eine Auslieferung Celenks an Italien lehnte die bulgarische Justiz höflich ab (»weil es dafür kein Abkommen gibt«), doch bot sie ein Verhör in Sofia an.

Erst nach acht Monaten, im Juli 1983, machte sich der römische Untersuchungsrichter Martella auf den Weg in die bulgarische Hauptstadt; das Ergebnis war freilich so mager, daß Martella in seiner Anklageschrift noch im Oktober 1984 nur mit sanft-boshaftem Unterton anmerken konnte, es gebe keine Anhaltspunkte, die überhaupt »die gegenwärtige Beziehung zwischen dem türkischen Bürger Celenk und dem bulgarischen Staat erkennen lassen«.

Erkennbar wurde — allerdings zwei Jahre später — eine ganz andere, nicht minder zwielichtige Beziehung: Plötzlich, am 6. Juli 1985, als der große Prozeß in Rom — auch gegen den abwesenden Celenk — bereits im Gang war, genehmigte Bulgarien seine Auslieferung — aber nicht etwa nach Italien, sondern in die Türkei. Und dies trotz der, wie es schien, gespannten bulgarischen Beziehungen zum Nato-Nachbarn am Bosporus, und noch dazu, wie es hieß, auf eigenen Wunsch Celenks.

Hatte der Mafiaboß Heimweh? Oder war er den Bulgaren schließlich unbequem geworden? Und übernahm ihn die Türkei, weil sie ohnehin mit Bulgarien — zumindest bildlich gesprochen — manche gemeinsame Leiche im Keller hatte? Eine wirkliche gab es nun bald:

Am 14. Oktober 1985 war Celenk tot. Herzversagen, hieß es. In Rom konnte sein Name von der Liste der Angeklagten gestrichen werden. Manches Aufatmen gab es dabei wohl auch auf beiden Seiten der bulgarisch-türkischen Grenze, die ja ohnehin für manche Leute nie ein ganz Eiserner Vorhang gewesen war.

Ali Agca zum Beispiel hatte diese Grenze, die damals jedes Jahr mehr als zwei Millionen Menschen und 50 000 Lastzüge — mit richtigen oder falschen Frachtpapieren — passierten, Anfang Juli 1980 überschritten — mit einem gefälschten indischen Paß. Wochenlang trieb er sich in Sofia herum, wohnte in verschiedenen Hotels der Stadt, begegnete seinem Boß Celenk, der das später leugnete. Aber es lag doch nahe, daß er den jungen Abenteurer, der acht Monate vorher in der Türkei Schlagzeilen gemacht hatte, fragte: ob er noch immer vorhabe, den Papst umzubringen ...

... Den Papst aus Polen. Seit dessen Heimatreise 1979 war das Regime des Landes immer mehr unter den Druck des unzufriedenen Volkes geraten, was die regierenden Kommunisten ganz Osteuropas, auch Bulgariens, beunruhigte. Agcas fixe Idee mußte sie aufhorchen lassen. Es hätten schon alle versteckten Mikrophone in den Hotelzimmern Sofias versagen müssen, wenn die bulgarische Geheimpolizei gar nichts von den Absichten und vom Treiben der türkischen Gäste erfahren hätte — und so auch die Moskauer Genossen; sogar der amerikanische CIA, der Agca schon aus der Türkei bekannt war, dürfte davon Wind bekommen haben. Der gerade 1980 in die USA übergelaufene Agent Viktor Scheimow verriet nämlich, was der Moskauer KGB-Chef Andropow angeordnet hatte: Man müsse eine Liste aller Möglichkeiten aufstellen, »wie man sich dem Papst physisch nähern könnte«.

Das klingt nach Planung und Präzisionsarbeit. Eben davon aber kann keine Rede sein, wenn man Agcas Verhalten und Wege in den folgenden Monaten betrachtet. Er verwischte nicht, sondern hinterließ überall sichtbare Spuren:

Nachdem er in der Nacht zum 31. August 1980 mit »entgegenkommender Duldsamkeit des Grenzpersonals« (so das Fazit eines Untersuchungsprotokolls) im Niemandsland (!) der bulgarisch-türkischen Grenze einen neuen falschen Paß, diesmal einen türkischen auf den Namen Ozgün, erhalten hat, steigt er in einen Gastarbeiterbus, fährt noch in der derselben Nacht *zurück* durch Bulgarien, Jugoslawien und Österreich nach *Deutschland*. Hier reist er fast zwei Monate lang, kreuz und quer, taucht in Frankfurt am Main, Berlin, Peine, Kempten und Ulm auf. Immer wieder wird der — ja steckbrieflich gesuchte! — Mörder des Milliyet-Chefredakteurs und Ausbrecher aus dem türkischen Gefängnis von seinen Landsleuten erkannt.

Dreimal signalisiert die türkische Botschaft in Bonn seine Anwesenheit der deutschen Polizei. Doch unbehelligt reist Agca weiter — nicht von Versteck zu Versteck, sondern von Hotel zu Hotel, denn er hat 50 000 Dollar bar auszugeben. Die erste Dezemberhälfte verbringt er in einer Drei-Sterne-Herberge in Tunis, dann einige Tage in Sizilien, und schließlich schaut sich der Graue Wolf im Pelz des Touristen in Rom um.

Noch schreitet er nicht zur Tat. Vorher schreibt er sich noch als Student an der Ausländer-Universität in Perugia ein und bucht zwei Wochen Ferien in Palma de Mallorca. Von dort fliegt er — fünf Tage vor dem dramatischen 13. Mai 1981 — nach Mailand, um von Freund Bagci die Pistole für das Attentat zu erhalten.

»Schwerlich läßt sich erkennen, welchen operativen Zwecken dieses Reisen Agcas gedient haben soll«, schrieb schon 1984 William

Hood, ein altgedienter amerikanischer Geheimdienstoffizier (OSS/CIA). »Einen so bekannten flüchtigen Verbrecher so frei, offensichtlich ohne Kontrolle, zirkulieren zu lassen, bedeutet doch ein offenkundiges Risiko, denn Agca konnte von jedem der Zehntausende von Türken in Europa erkannt werden ... Das ist nicht die Art, in der irgendein Geheimdienst einen Agenten für eine wirklich geheime Mission, zumal für die Ermordung eines der berühmtesten Männer der Welt, vorbereitet.«

Gerade dies könnte freilich die Annahme stützen, daß geheimdienstliche »Fachleute«, die sich als Mitwisser der Absicht Agcas auf seinen abenteuerlichen Wegen tummelten, ihn durchaus begünstigt haben — doch weder planmäßig noch auf höheren Befehl.

Gewiß war der polnische Papst, nach dessen Polenbesuch 1979 die regierenden Kommunisten immer mehr in Bedrängnis gerieten, ein Dorn im Auge der Moskauer Führung. Im August 1980 hatte die Solidarność-Bewegung den ersten, spektakulären Erfolg, indem sie dem Regime einen Kompromiß abtrotzte. In Moskau bildete sich ein sogenannter »polnischer Club«, ein Krisenstab im Kreml, zu dem auch KGB-Chef Andropow gehörte. Den Kreml-Strategen konnte es jedoch nicht entgangen sein, daß der Papst einen mäßigenden Einfluß auf die polnische Freiheitsbewegung ausübte, so sehr er zu ihrem Entstehen beigetragen hatte; jetzt mahnte er zu »Geduld, Maßhalten, Nüchternheit, Besonnenheit«. So hätte also eine »Liquidierung« des Papstes die Lage in Polen aus sowjetischer Sicht keineswegs entspannt, die Opposition nicht entmutigt, sondern — auch weil der Schatten des Verdachts so oder so auf Moskau gefallen wäre, erst recht zornig auf die Barrikaden getrieben.

Solche strategischen Überlegungen mußten sich allerdings in den Köpfen geheimdienstlicher Taktiker nicht auswirken. Warum sollten sie nicht einen Ali Agca, der sich sogar öffentlich als Papstmörder angeboten hatte, begünstigen? Sie taten es freilich in so begrenztem Maße, daß er mit seinem kriminellen Dilettantismus scheitern mußte — falls er nicht doch »Glück« haben würde. Ein Glück auch für die westlichen Geheimdienste, die als stille Mitwisser nur darauf lauerten, die östlichen der Untat zu überführen — oder sie ihnen wenigstens in die Schuhe schieben zu können.

Genau diese Absicht hat Bill Casey, damals Chef des amerikanischen CIA, auf dem Sterbebett dem Journalisten Bob Woodward verraten — »angeblich«, meinten Zweifler. Doch 1994, dreizehn Jahre nach dem Attentat, packte ein italienischer Geheimdienstbeamter aus: »Zufällig« seien vom CIA »zahlreiche Fotos geliefert worden, die das Attentat und den Attentäter auf dem Petersplatz zeigten«, so sagte Francesco Bruno, ein Dozent für Kriminologie, der 1978 bis 1987 bei der Spionageabwehr (SISDE) in Rom gearbeitet hatte. Bruno meinte auch, daß Agca mit einer Pistole ausgerüstet war (Browning), die für ein tödliches Attentat und einen geübten Scharfschützen »absolut ungeeignet war«. Sollte also der Papst möglichst nicht getötet werden und alles nur der Inszenierung der »bulgarischen Spur« dienen?

Auch nach dem Ende des Sowjetkommunismus, der »Wende«, die viele östliche Archive öffnete und Geheimnisse lüftete, kam nichts zum Vorschein, was Klarheit geschaffen hätte — weder in Sofia noch in Moskau. Ali Agca selbst, zu lebenslänglicher Haft verurteilt, gab auch nach eineinhalb Jahrzehnten hinter Gittern seine Neigung zu Widersprüchlichem und Mysteriösem nicht auf. 1985 hatte er noch in einem italienischen Fernseh-Interview einen Satz gesagt, der seltsamerweise nicht gesendet wurde: »Ich habe auf den Papst ohne jeden Auftrag geschossen.« Dann 1989 in einem Interview für den »Corriere della Sera«: »Die bulgarischen Geheimdienstler haben mir auf viele Weise geholfen.« Inzwischen bezeichnete er sich als »wiedererstandenen Christus«, als »obersten Verteidiger des Islam« und als »neuen Messias«. Und im Mai 1995: »Die Geheimdienste wissen alles, aber ich will nicht mehr darüber sprechen.«

Anfang 1993 war in Ankara ein türkischer Journalist, Ugur Mumcu, durch eine Autobombe ermordet worden, nachdem er in einer italienischen Zeitung das Ergebnis seiner Nachforschungen veröffentlicht hatte: nicht die bulgarische, sondern die türkische Spur, von Sowjets und Amerikanern genutzt, führe zu den Anstiftern des Papst-Attentats.

Ende 1993 wurde überraschend ein seit Jahren in Frankreich wegen Rauschgifthandel inhaftierter Türke, der unter falschem

Namen lebte, als Oral Celik identifiziert: Es war Agcas langjähriger Freund und Komplize, der ihn damals auch nach Rom begleitet hatte, jedoch kurz vor dem Attentat verschwunden war. Zwar wurde Celik nun ziemlich schnell von der französischen an die italienische Justiz ausgeliefert, doch jahrelang kam es zu keinem Prozeß. Nur Aussagen Celiks gelangten an die Öffentlichkeit: Nirgendwo anders als »im Vatikan selbst« seien die Drahtzieher des Attentats zu suchen, und der Auftrag habe gelautet, den Papst (am 13. Mai, dem Tag des Madonna-Wunders von Fatima!) »nur zu verletzen, nicht zu töten«.

Wen meinte Celik »im Vatikan«? Er soll den Namen eines schon mehrmals in den Akten aufgetauchten Felix Morlion genannt haben, eines belgischen Dominikaner-Paters, der allerdings nichts im Vatikan als solchem zu tun hatte. Als Gründer einer kirchlich nicht anerkannten katholischen Privatuniversität war der 1904 geborene Morlion jahrzehntelang im Gerede: als römischer »Vertrauensmann« vor allem der Amerikaner, aber auch der Franzosen im kalten Untergrundkrieg gegen den Kommunismus. War es Zufall, daß Pater Morlion in demselben Haus wohnte wie Sergej Antonow, der Bürochef der bulgarischen Luftlinie und (freigesprochene) angebliche Mithelfer Agcas? Und Zufall, daß in eben diesem Haus in der Via Pola Nr. 29 auch ein türkischer »Geschäftsmann« lebte?

Was da Düsteres zusammengebraut wurde, wußten jedenfalls sogar die Geheimdienstchefs im fernen Paris, die den Vatikan warnten. *Wer* da mitmischte, blieb französisches Staatsgeheimnis, obwohl es Präsident Mitterrand nicht ins Grab mitnahm. Aber wer las auch »nur« bis zu jener Seite 1202 des Protokolls einer vergeblichen Untersuchung ...?

Quellenhinweis: Protokoll der Generalstaatsanwaltschaft des Corte d'Apello di Roma v. 26. 10. 1984. Widersprüchliche Darstellungen: Claire Sterling, The Time of Assasins, New York, 1984; Christian Roulette, La Piste, Paris, 1985; Eugenius Guz, Straly na placu Swietego Piotra, Warschau, 1987.

17. Vergessener Held ohne Nerven

Die Szene wirkte wie aus einem billigen Kino-Thriller: Da läutet mitten im Zweiten Weltkrieg, am 24. August 1943, ein Deutscher an der Tür des »Spezial-Assistenten der amerikanischen Botschaft« in Bern, der Hauptstadt der neutralen Schweiz, und behauptet, er komme direkt aus Berlin, ja, aus dem Auswärtigen Amt des Hitler-Reiches und habe Wichtiges für Mr. Dulles, den Leiter der Europa-Abteilung des amerikanischen Geheimdienstes mitgebracht. Tatsächlich wohnt hier ein 50jähriger New Yorker Advokat als diplomatisch getarnter Agent des OSS, des »Office for Strategic Services«. Dieser Allen Welsh Dulles ahnt noch nicht, daß er dank dieser mysteriösen Begegnung später (in den fünfziger Jahren, als sein Bruder US-Außenminister ist) zum Chef des gesamten Spionageapparats der USA aufsteigen würde. Jetzt will er sich erst einmal vergewissern, ob der seltsame Besucher ein echter oder falscher Nachrichtenhändler ist, ein Hochstapler oder gar ein Provokateur? Vielleicht sogar von den braven Schweizern geschickt, die ihren pseudo-diplomatischen Gästen auf die Schliche kommen wollen?

Der verlegen und zugleich entschlossen wirkende Besucher nennt als seinen Gewährsmann einen jüdischen, in die Schweiz emigrierten Geschäftsmann namens Kocherthaler, und durch dessen Vermittlung kommt es zur unglaublichen Szene: Dulles traut fast seinen Augen nicht, als der Deutsche aus seiner Aktentasche 1986 fotografierte Dokumente schüttet — viele mit dem Stempel »Geheime Reichssache« — und versichert, er sei bereit, regelmäßig solche Papiere zu liefern. Und dies gratis, um den einen Preis nur: der Genugtuung, etwas getan zu haben, »damit Hitler schneller den Krieg verliert«. Ohne Zögern, mit Paß und Dienstausweis, enthüllt der forsche kleine Mann mit dem stechenden Blick seine tatsächliche Identität:

Fritz Kolbe, geboren 1900 in Berlin, tätig als »Konsulatssekretär 1. Klasse« — also Verwaltungsbeamter, nicht Diplomat — im Vorzimmer des Sonderbotschafters Karl Ritter, des Verbindungsmannes zwischen dem Berliner Auswärtigen Amt und dem Oberkommando der Wehrmacht. Und gegenwärtig ganz legal als Kurier seines Ministeriums nach Bern geschickt.

Was treibt diesen Kolbe auf einen so riskanten Weg? Sein Vater, ein biederer Berliner Sattlermeister, hatte den Sohn gelehrt, »stets das Rechte zu tun und sich nicht zu fürchten«. Nein, sein Mut kommt nicht aus tiefgründigen Überlegungen; Kolbe ist kein Intellektueller, aber auch kein Routine-Bürokrat, wie seine bisherige Lebenslaufbahn zeigt: Am Ende des Ersten Weltkrieges hat er als 18jähriger Zivildienstpflichtiger im »Wolff'schen Telegraphenbüro«, der Nachrichtenagentur des Kaiserreiches, den Umgang mit Depeschen gelernt. Dann zieht es ihn einige Jahre zur Eisenbahn; als jüngster Stationsvorsteher Deutschlands steigt er bald um und schafft — nach Abendschulabitur und vier Semestern Volkswirtschaft — den Seiteneinstieg in den Bürodienst des Auswärtigen Amtes. Als Konsularbeamter geht er zehn Jahre lang nach Madrid; er ist in der Botschaft der einzige Beamte, der nicht in die NSDAP eintritt. In einer Beurteilung der Nazi-Ortsgruppe Madrid heißt es über Kolbe: »Anständiger Charakter, unterhält Verkehr mit Marxisten und Juden, kommt für die Partei nicht in Frage.«

1938 wird er als Konsulatssekretär nach Kapstadt versetzt. Dort hätte er bleiben und sich nach Kriegsbeginn von den Engländern internieren lassen können. Doch preußisches Pflichtbewußtsein treibt ihn zurück nach Berlin; Frau und Kind läßt er im sicheren Südafrika zurück. In der Reichshauptstadt, im Vorzimmer des Sonderbotschafters Ritter, gelangt Kolbe nun an die Zapfstelle fast aller Kriegsgeheimnisse. Nach seinen eigenen Worten war er nun einer »der bestunterrichteten Beamten« im Auswärtigen Amt. »Es war wie in einer Komödie«, schreibt er in einer hinterlassenen Aufzeichnung. »Ich, der die Nazis kompromißlos ablehnte und bekämpfte, ja, sie sogar haßte, war unversehens in den innersten Kreis geraten.« Sogar hohe Nazibeamte aus Hitlers Reichskanzlei kamen zu ihm, um sich über die wahre Kriegslage zu informieren. Wie in jeder Diktatur hatte sich auch im Dritten Reich unter den Regimegegnern eine geheime Zwiesprache entwickelt — man kannte sich. Als einmal eine ihm bis dahin unbekannte Besucherin Kolbe beim Ausfüllen eines Formulars fragte, ob sie mit »Heil Hitler« unterzeichnen müsse, entgegnete er: »Das fragen Sie mich in diesem Amte?« Der Bann war gebrochen, die beiden kamen sich näher. Frau Fritsch — so hieß die forsche, doch nicht uncharmante Dame — hatte nämlich einen Ausreiseantrag für ihren Chef, den weltberühmten Chirurgen Sauerbruch vorgelegt, der nach Schweden reisen wollte. Kolbe machte es möglich und gewann so nicht nur eine Freundin, sondern durch sie auch bald Zugang zu jenem verschwiegenen Kreis von gelehrten Regimegegnern, die sich bei Sauerbruch als »Mittwochsgesellschaft« traf.

Kolbe hielt nicht viel von solchem intellektuellen Widerstand. Sein immer praktisch denkender, kühler Verstand sagte ihm, daß die politische Opposition, mit der er da in Berührung kam, vor lauter Planen und Bedenken den richtigen Augenblick zur Tat verpassen könnte. Für ihn gab es nur *eine* Überlegung: Was kann ich tun, um den wahnsinnigen Krieg abzukürzen. Und dazu konnte ihm auf ganz andere, handfeste Weise die neue Freundin nützlich sein.

Spätabends traf er sich meistens mit ihr, denn beide arbeiteten lange. Kolbe »lieh« sich über Nacht die wichtigsten, neu eingegangenen Geheimdokumente des Auswärtigen Amtes, brachte sie in Sauerbruchs »Charité«-Krankenhaus, wo Frau Fritsch Zugang zur Röntgenabteilung hatte und dort Photographien von den Papieren anfertigte. »Ich wollte nicht wissen, was er damit macht«, erinnerte sich Frau Fritsch Jahrzehnte später. »Er gab auch keine Erklärung, und ich respektierte seine Verschlossenheit. Manchmal denke ich, daß ich ihn gar nicht gekannt habe . . .«

Auch nicht viel besser kannte ihn eine Kollegin, Gertrud von Heimerdinger, Tochter eines Generals; sie saß im Kurier-Referat des Auswärtigen Amtes und wußte nur, daß Kolbe wie sie selbst die Nazis verachtete. Gerne verschaffte sie ihm Dienstreisen in die Schweiz zur deutschen Gesandtschaft. Als diplomatischer Kurier durfte Kolbe Versiegeltes unkontrolliert befördern; das Wichtigste jedoch, die »Röntgenbilder« für die Amerikaner, hatte er sich beim Grenzübertritt unter den Hosen um die Beine gebunden ... Ohne Sorge, sich durch Nervosität zu verraten? Oder half ihm seine Kühle? Nach der ersten Reise fragte ihn der Berliner Sicherheitsdienst: »Wo waren Sie in Bern zwischen Mitternacht und vier Uhr früh am 25. August 1943?« Kolbe konnte glaubhaft machen: »Bei einer Dame ...«

Schon am 7. Oktober ist er wieder nach Bern unterwegs; diesmal mit 76 Telegrammen auf über 200 Fotos. Kolbe, der den Decknamen »George Wood« erhalten hat, achtet bei der Auswahl besonders auf militärische, rüstungswirtschaftliche und technische Informationen, weil sie vor allem die militärische Niederlage Deutschlands fördern. So meldet er, daß die Junkers-Werke in Dessau Teile eines neuen, tausend (!) Stundenkilometer schnellen Jagdflugzeugs produzieren, das Messerschmidt in Augsburg bereits baue (Me 262). Anfang 1944 erfahren die Alliierten durch Kolbe, wie Hitler den Bau des »Atlantikwalls« gegen die drohende Invasion beschleunigen läßt und wie der Luftwaffen-Führungsstab die Wirkung deutscher Bombenangriffe auf London bewertet. Am 10. Mai 1944 fragt Kolbe brieflich bei Dulles an: warum noch immer keine Bombenangriffe geflogen wurden auf die Kondensatoren-Fabrik in Gera, ohne deren Produktion Siemens nicht weiterarbeiten kann? Auf die Leuna-Werke (die wenig später bombardiert wurden), auf Pölitz bei Stettin und auf Eberswalde, wo sich das Oberkommando der Marine und das Ausweichlager einer Torpedofabrik befindet. Am 12. Juli drängt Kolbe: Siemens in Gera produziere »noch immer« Flugzeuginstrumente.

In der Nacht zum 13. Juni 1944 hatte Hitler die erste V-1-Rakete — seine »Wunderwaffe« — auf London abschießen lassen. Schon am 8. Juli übermittelt Kolbe einen Geheimbericht aus Paris, wonach die »gerade Laufapparatur« für diese Rakete in den Ascania-Werken in Gdingen, ihre Düsen-Aggregate in einer Krupp-Fabrik in Wuppertal und die Zielgeräte in einer Siemens-Abteilung bei Arnstadt/Thüringen produziert werden.

»Woods Meinung ist, daß wir weiterkämpfen sollen, bis die endgültige militärische Entscheidung gegen die gegenwärtige Bande erreicht ist; er sagt, daß es keine Hoffnung auf eine wirksame Aktion der Oppositionsgruppen gibt«, so berichtet Dulles am 14. April 1944 nach Washington, nachdem er zwei Tage vorher informiert hatte, Wood (Kolbe) sei wieder mit mehr als 200 »höchst wertvollen Ostereiern«, also Dokumenten, angekommen. Da gab es nicht nur Neuigkeiten, sondern auch Stimmungsberichte:

»Offenkundig glaubt Wood, daß ein deutscher Zusammenbruch bevorsteht«, notiert Dulles. Die Mitteilungen und Dokumenten-Serien, die Kolbe bald auch auf Mikrofilmen mit einer von Dulles gelieferten Kamera festhält, nehmen einen solchen Umfang an — 1 600 Schriftstücke in 18 Monaten —, daß das Berner OSS-Büro mit der Verschlüsselung zur telegraphischen Übermittlung nach Washington kaum Schritt halten kann. Nicht alles, was ihm in Berlin in die Hände kommt, bringt Kolbe nach Bern. Er sortiert das Material vorher nach sachlichen Gesichtspunkten (was kann kriegsverkürzend wirken?), aber auch nach moralischen Kriterien. Hinweise auf die Verbrechen des NS-Regimes tauchen allerdings nur selten auf — so ein Telegramm aus Budapest nach Berlin vom 13. November 1944 (Dulles hatte es schon eine Woche später): 120 000 ungarische Juden »einschließlich arbeitsunfähiger Kinder« werden zur Deportation bereitgestellt. Kolbe: »Verantwortlich ist SS-Obersturmbannführer Eichmann ...«

Inzwischen war am 20. Juli die Verschwörung zum Sturz des Regimes mißglückt — so wie Kolbe geahnt hatte. Monatelang schwieg er, und in Bern befürchtete man Schlimmes. Dann kam am 4. Oktober nicht nur ein Lebenszeichen, sondern ein Brief und ein Mikrofilm mit 35 Dokumenten. Die Ausbeute sei geringer, weil nun — so schrieb Kolbe — die meisten Berichte der Auslandsvertretungen nicht nach Berlin, sondern direkt zum »Führerhauptquartier« geschickt würden. Eben dort, in der »Wolfschanze« bei Rastenburg, wo die Bombe den Diktator verfehlt hatte, machte Kolbe kurz danach selbst einen Monat lang an Stelle seines erkrankten Chefs Ritter fleißig und hellhörig Bürodienst. Ende 1944 versuchte Kolbe seinen Weihnachtsurlaub in der

Schweiz zu verbringen, aber die Eidgenossen verweigerten ihm das Visum. Dulles versuchte, sie »unauffällig« umzustimmen, doch erst am 20. Februar erscheint der unermüdliche Kolbe »ganz unerwartet mit fünfzig Stück« wieder bei Dulles. Dieser rät ihm, in der Schweiz zu bleiben. Kolbe jedoch, »stur und naiv«, besessen von seiner Mission, will noch einmal zurück ins untergehende Berlin.

Erst kurz vor der entscheidenden sowjetischen Offensive gegen Berlin bekam er Gelegenheit, gerade noch rechtzeitig abzureisen und gleichzeitig zum letztenmal Dokumente in die Schweiz zu transportieren. Im Dienstwagen von Botschafter Ritter sollte er dessen Freundin mit Kind in Sicherheit bringen. Unter abenteuerlichen Umständen erreichte er nach einigen Tagen Süddeutschland, wurde aber in Memmingen bei einer Kontrolle festgenommen. Nach einer halben Stunde konnte sich Kolbe aus der Klemme lavieren: Die Dokumente, die er bei sich hatte, wurden so wenig entdeckt wie eine Pistole in seinem Gepäck.

Kurz vor dem Grenzübertritt in die Schweiz kam Kolbe im Allgäu mit zwei Heeresoffizieren ins Gespräch; sie erzählten ihm, daß sie fünf Lastwagen voll wichtigen Materials aus dem Generalstab in den Südwesten geleitet hätten. »Ja, ja, ich weiß«, antwortete Kolbe, »das geheime Nachrichtenmaterial über Rußland.« Verdutzt bestätigten die Offiziere sein Wissen: Es handelte sich um einen Voraustrupp der Abteilung »Fremde Heere Ost« des Generals Gehlen; die Unterlagen über die Rote Armee und Karteien des Agentennetzes in der Sowjetunion sollten im Allgäu vergraben werden. Gehlen und seine Kameraden hatten sich verabredet, nach dem Krieg den Amerikanern ihre Dienste mitsamt dem Archiv anzubieten. Noch ehe sich Gehlen, der erste Chef des späteren Bundesnachrichtendienstes, den Amerikanern offenbaren konnte, wußten diese also via Kolbe bereits Bescheid.

Hatte auch Kolbe nun, nach dem Untergang des Hitler-Regimes, eine neue »alte« Karriere vor sich? Eine amerikanische — eine deutsche? Im Mai 1945 wünschte er sich nichts sehnlicher, als zurück nach Berlin zu kommen. Vorerst jedoch landete er nur in Wiesbaden, wohin Dulles sein Geheimdienst-Quartier verlegt

OSS
Form 69 (Revised)

B. 2.640

OFFICE OF STRATEGIC SERVICES

OFFICIAL DISPATCH

DATE 20 FEBRUARY 1945

XX

FROM BERN, SWITZERLAND 1945 FEB 21 12 09

PRIORITY
ROUTINE
DEFERRED

TO OFFICE OF STRATEGIC SERVICES

IN: 5112

DISTRIBUTION

(FOR ACTION)	(FOR INFORMATION)
SI	DIRECTOR, SECRETARIAT, MAGRUDER, X-2.

SECRET

RECEIVED IN CODE OR CIPHER

#5617. KAPPA. FOR 109 AND 154. INFORMATION: LONDON (#6957).

WOOD HAS UNEXPECTEDLY SUCCEEDED IN SENDING ABOUT 50 ADDITIONAL PIECES. PROCESSING TODAY WILL START CABLING TOMORROW. WILL REPEAT LONDON UNLESS INSTRUCTED TO CONTRARY BUT ASSUME THEY WILL WITHHOLD ACTION PENDING YOUR ADVICE.

JAP TRAFFIC INDICATES THAT PREPARATIONS FOR DEFENSE CHINESE COAST PROCEEDING SLOWLY AND THAT SURPRISE LANDINGS MIGHT PROVOKE CRISIS.

Jap Defense of China Coast

x Believed early February 1945

SECRET

TOR: 0944 21 FEB 1945

IT IS FORBIDDEN TO COPY OR REPRODUCE THIS CABLE
WITHOUT AUTHORIZATION FROM THE SECRETARIAT

459

Telegramm des US-Geheimdienstes: Wood (Kolbe) sendet 50 Stück.

hatte. Hier begegnete Kolbe einigen prominenten Überlebenden des deutschen Widerstandes, die ihn kühl, ja eisig spüren ließen, daß sie ihn für einen »Verräter« hielten: der kämpfenden Wehrmacht sei man »Treue schuldig gewesen«, auch wenn man gegen Hitler opponiert habe — so das Argument, dem die simple Logik Kolbes nichts entgegenzusetzen hatte als die Versicherung, daß er immer schon und jetzt noch mehr auch die Bolschewiken hasse »wie die Nazis«. Und eben dies schien nun Fritz Kolbe den Übergang aus der Welt des heißen in die des kalten Krieges zu ermöglichen.

George Wood — so hieß bald wieder der akzentfrei deutsch sprechende Amerikaner, der von Berlin aus auf Nachrichtenjagd ging, nun in der sowjetisch besetzten Zone. »Der Mann mit den unglaublich kalten blauen Augen machte einen zwanghaften Eindruck, undurchsichtig, unheimlich«, so erinnerte sich später die Frau des Mecklenburger Industriellen Victor Bausch, dessen Papierfabrik 1948 von den Russen demontiert wurde. Bis dahin fuhren die Bauschs regelmäßig nach Berlin und lieferten Autonummern vorbeifahrender sowjetischer Militärfahrzeuge ab und die Strichlisten, mit denen sogar Bauschs Sekretärin Bettina, stundenlang aus dem Fenster spähend, die Russenpanzer zählte ... »George Wood war jedesmal begeistert«, erinnert sich Frau Bausch, bei deren Eltern in einer Dahlemer Villa der Treffpunkt war. »Immer blieb aber ein Geheimnis um ihn, und einmal hat er mich — das werde ich nie vergessen! — richtig erschreckt. Er sagte nämlich: ›Der Krieg sollte weitergehen, nach den Nazis müssen jetzt die Russen geschlagen werden, bevor man hier wieder alles aufbaut. Berlin besteht ohnehin fast nur aus Ruinen, und in diesen kämpft man ganz gut‹ ...«

Wurde Kolbe durch solche Sprüche allmählich auch den Amerikanern unbequem? 1948, im Jahr der Berliner Blockade, rieten sie ihm, »aus Sicherheitsgründen« in die USA zu emigrieren. Ein Scheck über 25 000 Dollar — der erste, den Kolbe annahm — sollte einen Neubeginn ermöglichen. Aber drei Wochen später hatte ihn ein alter »Freund« in New York um die ganze Summe betrogen. Als er dann hörte, daß in Bonn ein neues Auswärtiges

Amt entstand, in das auch nicht wenige Beamte aus dem »alten« wiederkehrten, meldete sich der Amtmann und Antinazi Kolbe zum Dienst. Die Antwort: Schweigen. »Vielleicht besser so!« sagte Kolbe. »Sonst wäre mir dort wohl mancher alte Bekannte begegnet und ich hätte ›Heil Hitler!‹ gerufen.« Wenigstens seine vorzeitige Pensionierung setzte er schließlich durch. Als Handelsvertreter für amerikanische Konfektionskleidung und Baumsägen verdiente er noch etwas dazu, vielleicht auch noch als gelegentlicher »freier Mitarbeiter« bei alten Bekannten ...

Als ihn der Bundestagspräsident Eugen Gerstenmaier mit einem (privaten) Brief am 10. März 1965 vom Verratsvorwurf »freistellte« — so die Formulierung —, hatte sich Fritz Kolbe schon damit abgefunden, daß die Historiker ihn sorgsam ignorierten. 1971 starb er — in Bern. Hier, wo er im Zweiten Weltkrieg »ganz einfach der Stimme des Gewissens folgend« Geschichte machen half, nahm er manches Rätsel und Geheimnis mit ins Grab.

Quellenhinweis: George Wood-Dokumente, am 1. 12. 1985 vom CIA-Archiv in Washington freigegeben (vgl. »Zeit«-Dossier v. 2. Mai 1986 u. Robert A. Graham in »Civiltá Cattolica« v. 3. 5. 1986); aufgezeichnete Gespräche des Verf. mit Frau Fritsch am 21. 7. 1987 und mit Frau Erika von Hornstein (Bausch) am 9. 10. 1986; Joseph E. Persico, »Piercing the Reich«, New York, 1979.

18. Steffi macht Mächtige schwach

Seit den Zeiten der Madame Pompadour, als Politik aus dem königlichen Schlafzimmer gemacht wurde, hat die große Welt und vor allem die Halbwelt viel an Stil und Geschmack verloren. Weniger freilich an Frivolität, denn Geld und Gunsterweise bleiben an jener »Börse«, wo selbst die Mächtigen schwach sind, hoch im Kurs. So auch im abenteuerlichen Leben einer Dame, die sich dank ihrer Liebhaber lustvoll über Wasser hielt. Ihr Name steht im »Gotha« der Fürstlichen Häuser, obwohl die kokette Wienerin nur durch eine »nicht hausgesetzmäßige Ehe« zur Prinzessin wurde.

Schon die stille Hochzeit dieses mit den Salons wie den Himmelbetten der K.u.K-Aristokraten vertrauten Fräulein Stephanie Richter mit Prinz Franz zu Hohenlohe in der fernen Londoner Westminsterkathedrale im Mai 1914 war eine gelungene Inszenierung. Geschwängert worden war die angebliche Minderjährige (in Wirklichkeit war sie 23) von einem habsburgischen Erzherzog, der aber schon Frau und zehn Kinder hatte; zum Ersatzmann wurde — mit dem Segen Kaiser Franz Josefs — ein anderer ihrer Verehrer bestimmt, eben jener Prinz Hohenlohe.

Kaum war es mit der Monarchie zu Ende, da ließ Steffi sich scheiden — den Titel behielt sie — und wandte sich den besseren Herren der Geldaristokratie zu, natürlich nicht in Wien, sondern — wo sonst? — an der französischen Riviera. Da residierte sie, während ihr Söhnchen Franzi in feinen Schweizer Internaten internationalen Schliff bekam.

Der größte Goldfisch, den Steffi in Monte Carlo einfing, war der britische Zeitungsmagnat Lord Rothermere, Besitzer der »Daily Mail«. Seinen Spleens, für die er Millionen locker machte, diente die Prinzessin in London als Ideenlieferantin. 1927—1932 war es eine Kampagne, die den Ungarn wieder einen König verschaffen sollte. Der Lord selber kandidierte allen Ernstes, die Budapester jubelten, und Steffi, die von ihrem Prinzen die ungarische Staatsangehörigkeit hatte, sah sich fast schon als Königin. Wenig später war es Rothermeres Begeisterung für den deutschen »Führer«; mit Handkuß begrüßt dieser Ende 1933 in der Berliner Reichskanzlei die Wienerin, die von Hitler fasziniert war, obwohl sie ihn ordinär fand. Als Botin des faschistischen Lords reiste sie — oft zusammen mit ihm — immer wieder nach Berlin und war auch auf dem Obersalzberg Hitlers Gast, der die »liebe Prinzessin« zu drei Nürnberger Parteitagen einlud und sie sogar mit dem Goldenen Parteiabzeichen der NSDAP schmückte.

Inzwischen war ihr im Vorhof der Macht eine neue Eroberung geglückt: Fritz Wiedemann, seit 1935 Hitlers persönlicher Adjutant. Dieser stiernackige niederbayerische Molkereibesitzer, der im Ersten Weltkrieg Hauptmann des Gefreiten Hitler gewesen war, verfiel Steffis Reizen so sehr, daß er die Prinzessin mit »geheimdiplomatischen« Aufträgen, vor allem aber mit viel Geld aus der Bürokasse seines Chefs ausstattete. Auf dem Luxusdampfer »Europa« reiste er 1937 selber mit ihr nach New York und Washington. Steffis Stubenmädchen berichtete als Spitzel der mißtrauisch gewordenen Münchner Parteizentrale, daß deutsche Hotelgäste im »Waldorf Astoria« sich über Wiedemann empört zeigten — »wegen Rassenschande, denn sie wüßten genau, daß die Prinzessin eine geborene Jüdin sei«. (Ihre Mutter, die aus der alten Prager Familie Kuranda stamme, hatte sich vor der Hochzeit in Wien taufen lassen.)

Dennoch schafft es Steffi noch 1938, nach dem »Anschluß« Österreichs, als eine Art gesellschaftliche PR-Managerin der Nazis, das »arisierte« Schloß Leopoldskron bei Salzburg (es gehörte Max Reinhard) zu beziehen und am Rande der Festspiele für ausländische Gäste Hof zu halten. Mit und für Wiedemann, dem Hitlers Kriegskurs mißfällt, versucht sie, ihre Londoner Beziehungen für »Friedenssondierungen« zu aktivieren — und macht sich auf beiden Seiten als Agentin verdächtig. Gerade noch gelingt es der Prinzessin, den Nazis beim Verschachern jüdischen Kunstbesitzes zu helfen — da trifft sie scheinbar eine Katastrophe:

Anfang Januar 1939 fällt Fritz Wiedemann bei Hitler in Ungnade, wird aber nicht ins KZ, sondern — nach San Francisco verbannt als deutscher Generalkonsul. Zwei Wochen später verläßt auch Steffi Deutschland. Auf Zwischenstation in London, verklagt sie mit Hilfe von siebzehn Anwälten erfolglos ihren alten Freund Rothermere auf »Schadenersatz«, um ihn dann »ohne jeden Versuch, um Mitleid zu flehen« brieflich zu erpressen: Sie droht ihm (inzwischen ist England im Krieg mit den Berliner Freunden des Lords), in ihren Memoiren alle seine privaten und politischen Intimitäten auszupacken. »Helfen Sie mir, daß ich es nicht tun muß!«

Im Dezember 1939 trifft die scheinbar mittellose Emigrantin mit 106 Gepäckstücken in New York ein. Der amerikanische FBI-Chef Hoover alarmiert die Geheimpolizei und informiert seine Beamten: »Die Prinzessin wird als äußerst intelligent, gefährlich, schlau und als Spionin, schlimmer als zehntausend Männer, charakterisiert.« Denn schon ist sie auf dem Wege nach San Francisco zu ihrem Fritz, dem Ex-Adjutanten des »Führers«, der sie sehnlichst erwartet. Sie zieht sogar, geduldet von Wiedemanns Frau, in die Wohnung dieses neuen deutschen Generalkonsuls.

Jeder Schritt der beiden wird vom FBI beschattet, jedes Bett- und Telephongeflüster abgehört — so auch, als sie sich am 27. November 1940 mit dem pensionierten britischen Geheimdienstchef Sir Wiseman treffen. Sie versuchen, ihn als Vermittlungspartner eines Sonderfriedens zwischen Großbritannien und Hitler-Deutschland zu gewinnen — natürlich ohne Auftrag. Auf 111 Seiten der Abhörprotokolle ist im FBI-Archiv in Washington diese Episode nachzulesen. Sie blieb ergebnislos, weil man in London von Wiseman und seinen beiden »Nazifreunden« nichts wissen wollte.

Nun wurde die Geltungssucht der Prinzessin durch eine amerikanische Ausweisungsverfügung gebremst. Doch so erschrocken sie darüber war, sie gab sich nicht geschlagen; sofort trennte sie sich von ihrem »lieben Fritz« — nicht ohne ihn noch finanziell zu erpressen, indem sie ihm drohte, seine Kontakte mit den Engländern bei der deutschen Botschaft in Washington zu denunzieren. Und schon hatte sie einen neuen Retter in zarte Bande gelegt, nämlich genau den Richtigen: den Chef der US-Einwanderungsbehörde, Major

Schofield. Auch er wird alsbald von seinen FBI-Kollegen beschattet. Sogar Präsident Roosevelt schaltet sich ein und fordert den Justizminister auf, »die Begünstigung der Hohenlohe ein für allemal einzustellen«. Aber erst nach dem Kriegseintritt der USA, im Dezember 1941, wird die Prinzessin verhaftet und bis 1945 interniert ...

Schofield, der ihr diese bittere Pille wenig, aber doch versüßen konnte, hat den Staatsdienst verlassen müssen und ist zum Star-Advokaten geworden; bald erstreitet er seiner Prinzessin den Daueraufenthalt und ermöglicht ihr ein neues Reise- und Luxusleben. Als er 1955 stirbt, entreißt Steffi seiner Familie das Erbe durch einen (mit ihm selbst abgekarteten) ganz legalen Trick: Sie zeigt Schofield beim Finanzamt wegen jahrelang hinterzogener Steuern an und kassiert 25 Prozent als Belohnung ...

Noch einmal geht die alte Dame auf Prominentensuche, läßt ihre Beziehungen spielen und arbeiten. Mit ihrem Freund, dem Kolumnisten Drew Pearson, vermittelt sie 1963 der Illustrierten »Quick« ein Interview mit Präsident Kennedy und 1966 dem »Stern« mit Präsident Johnson. So erscheint als letzter Cäsarenflirt auf der Bühne ihres Lebens der Verleger Axel Springer. 1970 schüttet er in einem Brief an die »liebe Stephanie« sein Herz aus über den »Ost-West-Pendler Willy Brandt«, der »trotzdem als Friedensfürst gefeiert« werde; und sie verschafft Springer einen Ehrendoktorhut in Philadelphia. Von dort meldet er sich dankbar als »Ihr Doktor mit Grüßen und vielen Küssen« und schickt ihr einen gebrauchten Bentley S 2 nach Genf.

Hier, in ihrem eleganten Salon mit Seeblick, verbringt die Prinzessin krank und allein ihre letzten Jahre; hier stirbt sie 1972. Noch auf dem Grabstein auf dem Dorffriedhof in Meinier bei Genf hat sich die 81jährige vierzehn Jahre jünger gemacht ...

Quellenhinweis: R. Stoiber u. Boris Celovsky, »Stephanie von Hohenlohe«, München, 1988, (mit deutschem u. amerikanischem Aktenverzeichnis); Franz von Hohenlohe, »Stephanie. Das Leben meiner Mutter«, Wien, 1991, (mit 30 Dokumenten); Hohenlohe Collection, Hoover Institution, Stanford (USA).

19. Ein Landsknecht böser schöner Künste

Was war dieser junge adelige Herr wirklich — Diplomat, Offizier, Abenteurer, Schwärmer, Kunstsammler oder Räuber? In jenem Sommer 1941, als Hitlers Armee mit scheinbar unaufhaltsamem Siegesmarsch in Rußland und in die Ukraine einfielen, kommandierte der 32jährige Eberhard Freiherr von Künsberg ein Bataillon »zur besonderen Verwendung«. Vom Berliner Auswärtigen Amt und dessen Minister, Herrn von Ribbentrop, wurde dieser Baron Künsberg nämlich auf wahrhaft besondere Weise »verwendet«: Als Legationsrat und zugleich SS-Sturmbannführer kommandierte er eine gut motorisierte Truppe tollkühner Spezialisten, die möglichst gleichzeitig mit den Panzer- und Infanterie-Regimentern, wenn nicht gar vor ihnen, in den eroberten Städten ankommen sollten. Wozu?

»Der Herr Reichsaußenminister bittet, Künsberg zu instruieren, daß er sich zunächst nach Leningrad und nicht nach Moskau zur Sicherstellung der Bilder begeben solle.« So lautete ein Telegramm vom 9. Juli 1941, das drei Tage danach korrigiert wurde: Künsberg sei anzuweisen, »daß er sich nicht nur nach Leningrad wegen der Bilder, sondern in gleicher Weise auch nach Moskau begibt, um auch im Kreml Kunstwerke sicherzustellen«.

Noch war die Stimmung in den Berliner Amtsstuben drei Wochen nach Beginn des Angriffs so siegessicher, daß man sich gar nicht vorstellen konnte, weder bis Leningrad noch bis Moskau zu marschieren. Ja, unter den Hierarchen des NS-Regimes regten sich bereits Rivalitäten und Intrigen um die Verteilung der schönen Beute. Plötzlich, schon am 8. August 1941, erhielt Künsberg die Anweisung, »sich künftig nur auf die Sammlung von außenpolitisch wichtigem Material zu beschränken und nichts zu unternehmen, um irgendwelche Kunstwerke sicherzustellen ...«

Etwas verunsichert und »disziplinäre Folgen« fürchtend, bat der forsche Freiherr um Klärung der Kompetenzen. Doch dazu mußte es gar nicht kommen, denn auch ohne Leningrad (St. Petersburg) oder Moskau jemals zu betreten, hatte Künsberg schon am 2. August melden können, daß er mit seinem Sonderkommando zwei Bildersammlungen des Leningrader Eremitage-Museums »beschlagnahmt« habe. In den Vororten der Stadt, bis zu denen die Deutschen vorgedrungen waren, vor allem in Puschkin (dem ehemaligen Zarskoje Selo), fanden sich dorthin verlagerte, aber auch örtliche Schätze. Aus den meist kriegsbeschädigten Zarenschlössern, Museen und Bibliotheken wurde Kostbares »gerettet« — von herausgerissenen Fußböden bis zum weltberühmten »Bernsteinzimmer«, das später (und bis heute) verschwunden ist ...

Wer den tüchtigen Kommandeur des pseudo-diplomatischen »Sonderkommandos« nicht genauer kannte, mochte sich fragen, was in diesem Baron von Künsberg vorherrschte — der private oder der politische Eifer? Beides vermischte sich in ihm schon seit früher Jugend. Der verwaiste Sohn eines rheinländischen Oberstleutnants war als vierzehnjähriger Schüler von seinem Gymnasiumsdirektor in Würzburg zu »mehrstündigem Hausarrest« verurteilt worden, weil er Anfang November 1923 die Schule geschwänzt und nach München gefahren war. Hier erlebte er als Mitglied des »Jungsturms«, eines verbotenen rechtsradikalen Vereins, den mißglückten Putsch-Versuch Hitlers — ein Erlebnis, das er sich später stolz amtlich bescheinigen ließ. Seit 1929 war Künsberg Mitglied der nationalsozialistischen Partei und der »SS-Reiterstandarte«, was den Münchener Jura-Studenten bald in Konflikte verwickelte. Bei einer strengen »Vernehmung« durch den Rektor der Universität beharrte er 1931 aufmüpfig darauf, daß in den Hochschulen »der Einfluß von marxistischen und jüdischen Professoren überhand nimmt« — und blieb straflos. Bald war ja Hitler an der Macht ...

»Auch ohne Anwendung der maßgeblichen Rechtsvorschriften« habe Künsberg stets das richtige Urteil gefunden, bescheinigte ihm das Berliner Amtsgericht im Referendarzeugnis vom Sommer

1937. Da war auch die Rede von »überdurchschnittlichen Fähigkeiten« bei nur »ausreichenden Kenntnissen«; charakterlich könne Künsberg nicht beurteilt werden, doch stehe »seine nationalsozialistische Gesinnung außer jedem Zweifel«. Und eben dies schien nun seine Karriere zu sichern. Zum Nürnberger Reichsparteitag 1937 wurde der Gerichtsreferendar Eberhard Freiherr von Künsberg sogar »als Hauptbetreuer für die Ehrengäste des Führers« angefordert — eine Auszeichnung, die ihm mühelos den Weg in den Auswärtigen Dienst und für »besondere Dienste« ebnete.

»Selbständig und aus eigenem Antrieb« habe das Sonderkommando Künsberg im September 1939 — nach dem deutschen Überfall auf Polen — im Warschauer Palais Brühl das Archiv des polnischen Außenministeriums ausfindig gemacht und nach Deutschland transportiert, so lobte ein Bericht die »unermüdlichen Sammler«. Waren es aber nur Papiere, die sie in dem schönen Palast erbeuteten? Schon bald, im Mai 1940, durften sie gleichzeitig mit den Geheimakten aus dem Pariser Quai d'Orsay, dem französischen Außenministerium, auch »öffentlichen und privaten, vor allem jüdischen Kunstbesitz« beschlagnahmen. Sechs Schlösser besichtigte Künsberg, um verlagerte Schätze des Pariser »Louvre« ausfindig zu machen. In einem Fernschreiben nach Berlin beklagte er »größte Widerstände« des eifersüchtigen »Wehrmachtsbeauftragten für Kunstschutz«, der den diplomatischen SS-Kommandeur als »modernen Freibeuter« zu denunzieren versuchte. Doch schon folgte Künsberg den nächsten Eroberungsfeldzügen Hitlers:

In Belgrad — so berichtete er — war im Mai 1941 nicht viel zu holen, außer »Wertgegenständen« in der Villa des ehemaligen jugoslawischen Außenministers. Auf der Insel Kreta jedoch entdeckte das Sonderkommando am 5. Juni einen Tresor der Bank von Griechenland: »Rund hundert Kilogramm Gold und rund hundertfünfundzwanzig Kilogramm Silber in Münzen sowie sechs Kisten Juwelen wurden heute von mir nach Athen verladen«, telegrafierte Künsberg triumphierend nach Berlin und fragte an, ob er alles später mitbringen solle. Doch ob es dazu kam, bleibt im historischen Dunkel; viel Zeit hatte Künsberg jedenfalls nicht. Denn schon war er mit seiner Truppe auf dem Weg in den Osten. Nach den russischen Kostbarkeiten bei Leningrad war die ukrainische Hauptstadt Kiew das Ziel. Ohne genaue Befehle abzuwarten, unbekümmert um Sprengsätze und Heckenschützen, war das Künsberg-Kommando zusammen mit der deutschen Angriffsspitze in der Stadt und »durchkämmte« sogleich die Kunstschätze des Lawra-Klosters, aber auch die Bibikow-Bibliothek. Deren naturwissenschaftlichen Prachtausgaben waren dann im März 1942 als »Proben sichergestellter Bestände« sogar bei einer Ausstellung in Berlin zu sehen — allerdings nur für geladene Besucher. Sie ahnten nicht, daß genau diese Bücher Jahrzehnte später, 1976 bei einer Londoner »Sotheby«-Auktion, auftauchen würden — aus einer schweizerischen Millionen-Erbschaft ...

Deren »goldene«, sorgsam verborgene Spur begann nämlich in Berlin und führte in die neutrale Schweiz. Dort hatte ein schlauer, hoch begabter Finanz-Jongleur Zuflucht gefunden, der sich — bis Hitler an die Macht kam — in der feinen Gesellschaft der Reichshauptstadt bewegt hatte: Arpad Plesch (siehe Seite 116). Schon 1936 hatte er aus der Emigration sogar in Buchform den Trick empfohlen, mit dem sich in unsicheren Zeiten Papiergeld-Kredite vor Wertverfall retten lassen: »Der einzige Weg besteht darin, die Substanz der Schuld von der Art ihrer Zahlung zu trennen.« Und dazu erfand Plesch die »Goldwertklausel«, eine Art Rettungsanker, nach dem nun auch deutsche Beuteverwalter der SS griffen, die seit der Niederlage von Stalingrad Hitlers Kriegsglück mißtrauten.

»Wer wissen will, warum wir den Krieg verlieren, der soll sich diese Typen ansehen, die ihr Geschäft mit dem Krieg machen und sogar mit Hilfe des jüdischen Strohmanns Arpad Plesch in Lausanne geschmuggeltes Vermögen in Gold und Anleihen investieren.« So polterte am 15. Oktober 1943 ein scheinbar deutscher Untergrund-Sender namens »Gustav-Siegfried-Eins« — in Wirklichkeit ein Diversions-Radio des britischen Geheimdienstes, der auf einem gekaperten Schiff im Atlantik geschäftliche Korrespondenz Pleschs gefunden hatte.

Da fehlten freilich — ganz zufällig? — wichtige Namen wie etwa der Waldemar Meyers (siehe Kapitel 15), des SS-Obersturmbannführers, aber auch der des Freiherrn von Künsberg, des SS-Sturmbannführers. Immerhin hatte Meyer 1942 für die Ausstellung schöner Beutestücke dem Künsberg-Kommando die Lagerhallen seiner Firma in der Berliner Hardenbergstraße zur Verfügung gestellt, und Meyers Schwager — ein Schweizer Uhren-Großhändler in Zürich — erbot sich Ende 1942 in einem Brief an Arpad Plesch, dessen in Berlin hinterlassenes Haus zu kaufen. »Ich erinnere mich stets gerne an unser Zusammensein in der Schweiz«, schrieb Plesch noch neun Jahre nach dem Krieg an Meyer.

Und was geschah mit Künsberg? Auch er tauchte im Herbst 1943 plötzlich an der Schweizer Grenze auf — mit »diplomatischem Paß und Visum«, wie die Grenzkontrolle in Basel notierte. Natürlich nur ohne Uniform durfte er mitten im Krieg seine Frau bei einem Kurzaufenthalt in Davos besuchen und einige »geheime Aufträge« erledigen, wie er erzählte ... Inzwischen gab es nur Rückzug statt Vormarsch und deshalb auch keine Arbeit mehr für das »Sonderkommando« des Freiherrn, den seine Frau oft als »Landsknecht« titulierte — auch wegen seiner nicht nur künstlerischen »Eroberungen« ...

Wahrscheinlich spielten auch Neid und Argwohn mit, als ihn die SS-Führung Ende 1943 zu einem Panzerregiment im Osten versetzte. Dort landete Künsberg freilich schnell im Lazarett — »mit Herzbeschwerden«, wie es in der Personalakte heißt, die das ganze Jahr 1944 nur noch lange, komfortable Kuraufenthalte notiert: in Meran, in Bad Gastein, in Baden-Baden.

Zum letzten Mal meldet sich der Legationsrat von Künsberg in einer »geheim« gestempelten Anfrage an das Berliner Auswärtige Amt am 26. Oktober 1944: Er will wissen, in welchem Archiv sein Telegramm vom Mai 1940 gelandet ist, in dem er aus Den Haag stolz die Entdeckung gemeldet hatte, daß den Holländern der Termin des deutschen Überfalls auf die Niederlande schon vorher verraten worden war. Wozu braucht Künsberg, der telefonisch aus dem eleganten Berliner Hotel »Adlon« anfragt, gerade jetzt diese Information?

Auch dieses Rätsels Lösung nimmt er mit, als er nun die deutsche Hauptstadt für immer verläßt — angeblich, um sich in Süddeutschland bei jener 6. SS-Panzer-Armee zu melden, die gerade von der West- zur Ost-Front verlegt wird und beim Versuch, das umzingelte Budapest zu erreichen, im Januar 1945 untergeht. Dabei sei Eberhard von Künsberg »wahrscheinlich gefallen«, heißt es in der Familie; jedenfalls sei er vermißt, verschollen, verschwunden. Seine Frau lebte schon vor Kriegsende seit Jahren mit den zwei Töchtern — in der Schweiz. Die Fremdenpolizei hat ihr dann die Aufenthaltsgenehmigung in einer Vierzimmer-Wohnung in Davos auch nach dem Krieg verlängert, weil sie ehrlich gesagt habe: »Mein Mann ist ein alter Nazi ...« Erst zwei Jahre vor ihrer Rückkehr nach Deutschland — 1951! — läßt sie ihn amtsgerichtlich in Erlangen für »tot« erklären ...

Quellenhinweis: Künsberg-Papiere (National Archives, Washington u. Bundesarchiv, Potsdam); PWE/FO 898 Public Record Office, London; Gesprächsaufz. d. Verf. mit Familienmitgliedern (1987/88); Information d. Bundesarchivs in Bern (Sept. 1987); Dr. jur. A. Plesch, »Die Goldklausel«, Wien, 1936; Elis Howe, »Die schwarze Propaganda«, München, 1983; d. Verf. in Vierteljahrsh. f. Zeitgesch. Nr. 2/1989.

20. Sündenbuchhalter auf Abwegen

Fast rührend klang, was da im ersten Jahr des Zweiten Weltkrieges über die Männer der »Schutzstaffel« jener SS geschrieben stand, die bald zu Hitlers radikalsten Mordgesellen gehörten: »Persönliche Herzensgüte« sei für einen SS-Führer eine der ersten Voraussetzungen; seine »nordische Gottgläubigkeit« bewahre ihn vor ausschweifender Erotik und vor religiösen Drogen ... So stand es 1940 in der Propaganda-Broschüre eines gewissen Anton Holzner, von der 70 000 Exemplare gedruckt wurden. Der Name des Autors war das Pseudonym des Chefs der Abteilung »Katholizismus« im Reichssicherheits-Hauptamt; er hieß Albert Hartl und unterschrieb im gleichen Jahr 1940 eine geheime Dienstanweisung, in der es hieß: Alle innerkirchlichen Spannungen und »alle persönlichen Schwächen der Vertreter der kirchlichen Hierarchie sind unter allen Umständen nachrichtendienstlich zu nutzen ...«

Albert Hartl (1904 — 1982).

»Ist es wahr, daß du eine neue Religion aufrichten willst?« So zitierte Hartl alias Holzner seine besorgte Mutter in einem kitschigen autobiographischen Roman, der 1940 sogar eine Auflage von 300 000 Exemplaren erreichte. Kein Wunder, daß sich die fromme Frau wunderte. Im oberbayerischen Roßholzen, wo ihr Mann Volksschullehrer war, hatte sie ihren 1904 geborenen Sohn schon als Kind auf einen frommen Lebensweg festzulegen versucht: Mit fünf Jahren dient er als Ministrant am Altar der Pfarrkirche, dann wird er auf eine Klosterschule geschickt, um in München Theologie zu studieren. 1929 wird er zum Priester geweiht, aber im gleichen Jahr beginnt er mit der Hitler-Partei zu sympathisieren und an vielen kirchlichen Lehren, zumal am Zölibat, zu zweifeln. Dennoch wirkt Hartl jahrelang als Religionslehrer an Schulen in München und Pasing, dann als Studienpräfekt am Priesterseminar in Freising — auch noch, nachdem er am 1. Mai 1933, drei Monate nach Hitlers Machtergreifung, Parteimitglied geworden war. Als Hartl dann seinen Chef in Freising, Direktor Rossberger, die Vermutung äußern hört, das Reichstagsgebäude in Berlin sei von den Nazis selbst in Brand gesteckt worden, erzählt er dies einem Münchener Kaplan, dessen Bruder NS-Kreisleiter in Freising ist. Die Sache wird der Geheimen Staatspolizei (Gestapo) hinterbracht, und Rossberger, aber auch Hartl selbst, landen im Münchener Gefängnis — »Schutzhaft« nannte man dies damals.

Hartl ist schockiert, sein Magen rebelliert, der Gefängnisarzt stellte »Nervenzusammenbruch und Vergiftungserscheinungen« fest. Doch bevor Hartl im Prozeß gegen seinen Chef als Zeuge auftritt, bekommt er tröstlichen hohen Besuch in der Zelle: von Heinrich Himmler, dem Reichsführer der SS, der gerade Polizeipräsident von München geworden ist. Man kannte sich schon — durch Himmlers Vater, der als katholischer Oberstudiendirektor ein Kollege Hartls war. So hat es der Polizeichef, den sein engster Mitarbeiter Heydrich begleitet, nicht schwer, dem Häftling Hartl einzureden, er sei aus Rache »von Kreisen der Kirche vergiftet« worden. »Das hat auf mich innerlich einen gewissen Eindruck gemacht«, gab Hartl später zu Protokoll. Auch die Aussicht, die Gefängniszelle mit einem Büro in der Leopoldstraße vertauschen zu können, erleichtert ihm den Bruch mit der Kirche, dem er ohnehin schon nahe gewesen war.

»Den mit meinem Konflikt verbundenen Bedrohungen durch klerikale Kreise wurde ich durch persönliches Eingreifen des Reichsführers Himmler entzogen«, so umschreibt der 32jährige

Sturmführer Hartl für die amtliche Personalakte den wirklichen Vorgang und fügte auch gleich sein neues Credo hinzu: »Der Kampf gegen die Welt, die ich selbst so gründlich kennenlernen mußte, ist jetzt meine Lebensarbeit.«

Anfangs störte es ihn noch, daß er zum Geheimpolizisten »umgedreht« worden war; den Regierungsratposten, den ihm Himmler anbot, lehnte er ab. Nur »wissenschaftlich« wollte er arbeiten und schrieb einen Bericht über den Jesuitenorden, von dem Himmler sehr begeistert war. Nach diesem Lehrlingsstück wurde es ernster: Ende 1934 geht Hartl mit Himmler und Heydrich nach Berlin, wo sie das »Reichssicherheitshauptamt« aufbauen. Aus »Forschung« wird nun »Nachrichtendienst«: Agentenwerbung, Bespitzelung, Erpressung, Denunzierung. Zuerst als Chef der Abteilung »Politische Kirchen«, dann im Rang eines SS-Sturmbannführers im Amt für »Gegnerbekämpfung« leitet Hartl das Katholizismus-Referat (neben ihm wird das Juden-Referat von einem — Adolf Eichmann geführt, dessen Vorgesetzter Hartl vorübergehend wird). Es sind die Jahre, in denen der Kampf gegen den katholischen Klerus mit Devisen- und Sittlichkeitsprozessen geführt wird, oft auch mit gefälschtem Material. Das Konzentrationslager Dachau füllt sich mit Priestern. Hartl nutzt alte Bekanntschaften aus, legt Dossier auf Dossier — »Sündenbuch« nennt er das.

Bei Kriegsbeginn 1939 erweitert sich das Aktionsfeld; Hartl ist dabei, als in Krakau das Archiv der polnischen Jesuitenprovinz beschlagnahmt wird. Anfang Juli 1941 besucht ihn ein ehemaliger Seminarkollege, um eine Strafmilderung für seinen im KZ-Oranienburg sitzenden Bruder zu erreichen: Hartl erzählt ihm bei dieser Gelegenheit, daß er dabei ist, Berge von privaten und amtlichen Kirchenpapieren zu sichten, die bei der Besetzung der Niederlande und Jugoslawiens beschlagnahmt wurden. Das Material beweise die »Wühlarbeit der Kirche gegen Deutschland«, prahlt Hartl. Als Hitler dann vergebens hofft, der Vatikan oder zumindest die deutschen Bischöfe würden seinen Überfall auf Rußland als antikommunistischen »Kreuzzug« absegnen, hat Hartl den Höhepunkt seiner Laufbahn erreicht — und überschritten. Bei einer Arbeitstagung von 141 polizeilichen »Kirchenspezialisten« aus ganz Deutschland in der Berliner Prinz-Albrechtstraße, der Gestapozentrale, verkündet er am 23. September 1941 eine neue Taktik:

»Für die weitere Dauer des Krieges ist alles zu vermeiden, was die Stimmung der Bevölkerung wesentlich negativ beeinflussen könnte ... Die Beschlagnahme der Klöster ist sofort einzustellen ... Die Verhaftung einer größeren Zahl von Geistlichen ist ebenfalls zu unterlassen ... Es ist Sorge dafür zu tragen, daß in der augenblicklichen Zeit die Kirche keinerlei Positionen zurückerobert ... Das augenblickliche Hauptgewicht auf dem kirchenpolitischen Sektor liegt bei der nachrichtendienstlichen Arbeit ...« Um aber die angereisten Spezialisten, die im »Christlichen Hospiz St. Michael« übernachten, zu beruhigen, erinnert Hartl gleich zu Beginn dieser Berliner Tagung daran, daß seit 1933 »langsam alle kirchlichen Kreise mit nur wenigen Ausnahmen« zum Kampf gegen den Nationalsozialismus übergegangen seien. Auch die Partei habe sich inzwischen von Kompromißversuchen abgewendet. Zwar sei es jetzt taktisch nötig, vorsichtig zu sein, aber »unser Endziel ist die restlose Zerschlagung des gesamten Christentums«.

Plötzlich, zwei Tage danach — am 25. September 1941 — notiert Hartls unmittelbarer Vorgesetzter, der Gestapo-Chef Heinrich Müller, etwas Erstaunliches über seinen tüchtigen Mitarbeiter: Aus Hartls Benehmen spreche »ein so geringes Niveau, daß man ihm die Führung und Lenkung einer größeren Zahl von Menschen nicht mehr anvertrauen kann«. Tatsächlich ist bereits ein Disziplinarverfahren im Gang — »wegen SS-schädigenden Verhaltens«. Was war geschehen? »Müller versuchte, mich mit allen Mitteln zu beseitigen, und es gelang ihm dadurch, daß er erfuhr, daß ich ein Mädchen geküßt hatte«, so gab Hartl später zu Protokoll. Sein früherer Gönner Heydrich, der ihn mit zwei Jahren Beförderungssperre und vierzehn Tagen Stubenarrest bestrafte, schrieb in die Urteilsbegründung: »Ihre privaten Liebschaften interessieren mich nicht ... Sie haben das Ansehen der SS und Deutschen Polizei schwerstens gefährdet und eine dienstliche Bekanntschaft sofort dazu ausgenutzt, um sich X zu nähern ...« Die Frage, ob besagte Dame Hartls Annäherungen angenehm oder — als die eines Expriesters — besonders lästig empfunden hatte, füllte lange Verhörprotokolle.

In Wahrheit aber ging es gar nicht um die Pseudo-»Elite«-Moral der SS. Dahinter stand vielmehr der Verdacht, daß Hartl überhaupt ein allzu akademischer Eiferer sei, ein für SS-Maßstäbe zu empfindsamer Typ, wenn nicht gar ein »verkappter Jesuit«. Das sagte ihm Gestapo-Müller ins Gesicht. Und: »Sie müßten Weichel heißen, nicht Hartl.« Wo aber konnte ihm die »notwendige Härte« beigebracht werden? Etwa durch »Frontbewährung«? Nein, beim großen Morden hinter der Front.

Anfang 1942 wird Hartl in die Ukraine versetzt, zu einer der vier berüchtigten »Einsatzgruppen«; sie hatte zu diesem Zeitpunkt in ihren »Ereignismeldungen« nach Berlin fast hunderttausend »Sonderbehandelte« gemeldet. »Sie werden sich selbstverständlich an den Erschießungen, auch an Frauen und Kindern, beteiligen«, hatte Müller zu Hartl gesagt. Der beteuerte später, er habe von Heydrich (der zu dieser Zeit in Prag wütete) das Zugeständnis erhalten, von Kiew aus nur »die geistige Haltung der Sowjetunion« erforschen zu müssen. Nicht jeder, der zu einer Einsatzgruppe gehörte, mußte ja selbst schießen; die Massenexekutionen bedurften — bei deutscher Gründlichkeit — auch einer Verwaltung. Hartl saß in der Personalabteilung und verteilte Schulungsmaterial an die Kommandeure ...

»Ich hatte zweimal Gelegenheit, Hinrichtungen zu sehen«, gab er später in einer eidesstattlichen Erklärung zu. »Die Menschen wurden durch Genickschuß hingerichtet, die Leichen in einem großen Panzergraben begraben ...«

Der Kirchenkämpfer Hartl wurde dabei nicht härter. Aber auch nicht so »weich«, daß er je das Regime anzweifelte, dessen Schergen er diente. Nur Magengeschwüre signalisierten jetzt psychische Schwierigkeiten. Sie ermöglichen ihm nach einigen Lazarettwochen die Rückkehr nach Berlin, wo ihn allerdings sein Gestapo-Chef Müller nicht mehr beschäftigen will. Doch da greift Walther Schellenberg zu, der Chef der Auslands-Spionage im Reichssicherheitshauptamt: Der Kirchenexperte Hartl soll seine alten Kontakte in neuer Form wieder aufleben lassen.

Getarnt als Privatgelehrter und Schriftsteller, läßt sich Hartl nun in einer Villa in Bled (Veldes), im besetzten Teil Sloweniens, nieder und beginnt von hier aus zu reisen. Im September 1943, kurz nach der deutschen Besetzung Roms, taucht er im Vatikan auf — zu »Studienzwecken«. Er besucht Agenten, darunter ehemalige oder angeworbene Kleriker. Stets interessieren ihn Männer, deren Biographie und Problematik der seinen ähnlich ist. So begleitet ihn, als er im März 1944 in die von dem faschistischen Priester Tiso regierte Slowakei reist, Eduard Winter — ein Expriester und Nationalsozialist, der später in der DDR als antikatholischer Kirchenhistoriker lehren und den »30jährigen Krieg des Vatikans gegen die Sowjetunion« entdecken wird ... 1944 freilich soll Hartl durch seine Reisen in »hohen Vatikan- und Kirchenkreisen die Möglichkeit eines gemeinsamen Kampfes Deutschlands und der Westländer gegen den Bolschewismus« erkunden — eine Chimäre, der das Regime an seinem Ende vergebens nachjagt.

Liest man heute Berichte der »V-Männer« Hartls aus dem Jahre 1944, etwa des Agenten Nr. 38622, »der zu den engsten Mitarbeitern des Münchener Kardinals Faulhabers gehört«, dann fragt man sich freilich, ob da der Adressat nicht bewußt irregeführt wurde. Da war allen Ernstes davon die Rede, es sei »aus Amerika die alarmierende Nachricht an den Vatikan gelangt, daß Roosevelt beabsichtigte, im Laufe des kommenden Jahres (also 1945!) seine Truppen aus Europa zurückzuziehen« und den Kontinent »vorübergehend dem Bolschewismus zu überlassen«. Warum? »Da auch für Amerika die Gefahr der Bolschewisierung immer größer wird ...« Ähnlichen Unsinn läßt sich Hartl von seinem V-Mann Nr. 38610 erzählen, einem katholischen Bischof, der dem Berliner päpstlichen Nuntius nahesteht: Stalin bemühe sich um ein Konkordat mit dem Vatikan, der jedoch den Vorschlag auf die lange Bank schiebe, weil Europa ja nur »vorübergehend bolschewisiert« würde.

Am Ende hoffte Spionage-Chef Schellenberg jedoch nur noch auf die private Hilfe seines Mitarbeiters: Hartl sollte ihm 1945 irgendein Kloster als Unterschlupf und Versteck verschaffen. Dazu ist es allerdings nicht gekommen, denn Hartl war bereits mit seiner eigenen, ganz andersartigen Rettung beschäftigt. Und dafür hatte er diskret vorgesorgt. Er, der Chef des antikirchlichen Spitzeldienstes der SS, stand — merkwürdigerweise — auf keiner Suchliste der Sieger. Als er sich im Mai 1945 in Kitzbühl seinen »Kollegen« vom amerikanischen Geheimdienst »zur Verfügung« stellen will, hat er Mühe, ernst genommen zu werden. Wie auf jeder Station seines Lebens ist er sogleich wieder eifrig zu Diensten: In den Internierungslagern Hammelburg und Kornwestheim hält er vor seinen Exkameraden bald wieder »religionswissenschaftliche Vorträge mit der Grundtendenz Toleranz«. In langen Verhören schildert er den Amerikanern fast unverblümt seine Vergangenheit (»für das, was ich gemacht habe, stehe ich ein«) und empfiehlt sich zugleich wieder als Vatikan- und Kirchen-Experte: er wünsche sich, »daß die Erkenntnisse, die ich gewonnen habe, nicht fruchtlos gewesen sind«. So tritt er in den Nürnberger und in späteren Kriegsverbrecher-Prozessen als beflissener Zeuge der Anklage auf — offenkundig schon mit der Sicherheit, daß gegen ihn selbst nie eine Anklage erhoben würde.

In der zweiten Hälfte seines Lebens kehrte Hartl zur Schriftstellerei zurück. Das Thema »Religion« blieb sein Lieblingsthema; im Stil der dreißiger Jahre schrieb er in den sechziger Jahren für den Verlag einer Sekte über »Euthanasie in religiöser Sicht« und entdeckte milde, daß »staatlich gelenkte Massenvernichtung Gefahren in sich birgt«. Sogar Hitler habe da Bedenken gehabt und die Ermordung der Geisteskranken erst angeordnet nach Einholung eines theologischen Gutachtens (das Hartl 1939 von einem Moraltheologen beschafft hatte). Auschwitz sei das »bedrückende Symbol der furchtbaren Vernichtung«, erkannte er immerhin und meinte, diese Vergangenheit könne nur durch eine »völlig neue« (?) Sittlichkeit überwunden werden. Mit Gedichten über »Mensch und All«, einem Giordano Bruno-Drama (»Der Abtrünnige«) und Moralpredigten über »Maßstäbe unseres Lebens« versuchte er über seine Vergangenheit hinwegzukommen; schließlich, indem er als 78jähriger noch einmal seinem Hang zu denunziatorischem Übereifer nachgab und durch Gespräche mit einem kirchenkritischen Historiker sich eine Art Alibi zu konstruieren versuchte: Anpassung und nicht Widerstand sei im Dritten Reich die Grundhaltung jenes Katholizismus gewesen, den er selbst als einen so gefährlichen Feind der Hitlerherrschaft bekämpft hatte ...

Ende 1982 ist Albert Hartl, betreut von seiner Frau, in seiner letzten Bleibe am Bodensee gestorben. In seiner ersten Nachkriegspublikation hatte er sich als Ratgeber für »Wege glücklicher Lebensgestaltung« empfohlen ...

Quellenhinweis: Verhörprotokolle in den National Archives, Washington No. 7707, Military Intelligence Services-Center APO 757 (Jan. 1946); Anton Holzner (Hartl), »Ewige Front« u. »Das Gesetz Gottes« (1940); Georg Denzler in »Die Zeit« Nr. 36/1982.

21. Wendiger Wanderer zwischen Welten

Verwundert mag sich mancher Zeitungsleser die Augen gerieben haben, als am 29. Juni 1944 — kaum vier Wochen nach dem Rückzug der Hitler-Truppen aus Rom und dem Einzug der Amerikaner — im »Corriere di Roma« eine »Deutsche Antifaschistische Vereinigung« (DV) von sich hören ließ: Da wurden »alle Deutschen jeder (!) politischen Tendenz« aufgefordert, sich im neuen Büro dieses Vereins auf der Piazza di Spagna Nr. 35 registrieren zu lassen. Dabei wurde angedeutet — und das war in jenen Tagen verlockend —, es gebe eine Unterstützung für Hilfsbedürftige, denn schon »seit einiger Zeit« widme sich der Verein unter dem Vorsitz eines Doktor Nix dieser Aufgabe.

Was steckte dahinter, und wer war dieser »dottore«? Jedem, der es hören wollte, erzählte Willi Nix damals wie noch Jahrzehnte später, daß er als Anti-Nazi nach Italien emigriert sei und mit Freunden schon zwei Jahre vorher, 1942, ganz geheim in den Domitilla-Katakomben diesen Verein gegründet habe; als Mediziner und anthroposophisch gesinnter Menschenfreund wolle er seinen Landsleuten helfen, die Wunden der Nachkriegswirren zu heilen und den Kriegsfolgen zu entkommen.

»Auch etwa jenen, die Nazis waren?« Als Nix mit dieser Frage von dem französischen Kardinal Tisserand konfrontiert wurde, der als persönlicher Freund des Generals De Gaulle während der Kriegsjahre im Vatikan gegen die päpstliche Neutralitätspolitik agiert hatte, sagte Nix mit naiver Ehrlichkeit (die er später auch noch in seinem Memoiren-Manuskript dokumentierte): »Auch wenn ich wollte, könnte ich nicht feststellen, wer aktiver Nazi oder gar Kriegsverbrecher war. Wenn Menschen eine Art Freiwild geworden sind, fragt man nicht nach der Vergangenheit. Vielleicht hilft Ihnen unsere Hilfe, darüber nachzudenken ...«

So kam es, daß der Kardinal ein Empfehlungsschreiben für Nix an die amerikanische Kommandantur in Rom schickte, die nun dem »dottore« sogar erlaubte, ein »Zentralbüro für Deutsche in Italien« zu gründen: eine Art Ersatz-Konsulat, das bald nicht nur Lebensmittel verteilte, sondern ein selbsterfundenes, paßähnliches, dreisprachiges Personaldokument auszustellen begann, das Nix drucken ließ. Es war mit »Italien-Ausweis« überschrieben und hieß zugleich »Kennkarte«, »Identity Card« und »Carta d'immatricolazione«. Wie im normalen Reisepaß, so gab es auch Raum für Ein- und Ausreise-Visa, und unterzeichnet war der Ausweis von Nix oder von dessen Stellvertreter Hans Rohrer — einem damals vierzigjährigen humorvollen und abenteuerlustigen Künstler, der als »Bobby Todd« in die Geschichte des Kabaretts »Die Nachrichter« eingegangen ist. Als Halbjude war er 1935 nach Italien emigriert, hatte als Schauspieler in »Cinecitta« Nebenrollen gespielt und nun eine Hauptrolle im Deutschen Büro, dessen Stempel er entwarf: mit stilisiertem Adler — dem unentbehrlichen Zeichen deutscher Amtlichkeit.

Der Trick funktionierte. Aus ganz Italien meldeten sich Deutsche, wirkliche oder angebliche, forderten Fragebogen an, beantragten Ausweise und baten um vielerlei Hilfe. Über sechstausend Vorgänge verzeichnet allein das — noch erhaltene — Register des Nix-Büros. Eine kaum vorstellbare Menschen-Wanderung war ja in der chaotischen Nachkriegszeit im Gange: Opfer und Täter, Überlebende des Holocaust, die Europa verlassen, und Nazi-Schergen, die in Südamerika untertauchen wollten, entlassene und geflohene Kriegsgefangene, echte oder scheinbare Flüchtlinge. Die Sicherheitsoffiziere im amerikanischen Hauptquartier waren verunsichert und schon deshalb entzückt, daß sie in einer unübersichtlichen »Kolonie« von etwa 1800 Deutschen in Rom einen eifrigen Helfer gefunden hatten:

»Dr. Nix hat seit dem 1. Juli 1944 ausgezeichnet mit den alliierten Nachrichtendiensten zusammengearbeitet, um Nazi-Deutsche im Gebiet von Rom zu überwachen ... Auf Verlangen des CIC hat er verdächtigen Deutschen erlaubt, seiner Gruppe beizutreten, so daß man sie genauer kontrollieren konnte«, so schrieb ein »special agent« der amerikanischen Abwehr (damals

CIC), Daniel Leahy, am 9. April 1945 in einem Bericht und gab auch gleich ein drastisches Beispiel: Nix habe die Verhaftung eines Wilhelm Mohnen ermöglicht, »eines deutschen Agenten, der im Vatikan zurückgelassen worden war«.

Auch dieser Mohnen hatte bei der Entstehung des Nix-Büros mitgewirkt, sich aber nach der Besetzung Roms durch die Amerikaner schnell in den Vatikan, ins deutsche Kolleg des »Campo Santo Teutonico«, zurückgezogen, von wo er dann herausgelockt wurde. Doch Mohnen, ein Fahrradhändler und Kunstliebhaber aus dem Saarland, der als Spion und »Bildersammler« für Reichsmarschall Göring nach Rom geschickt worden war, hatte sich rückversichert. Seine zwei Brüder, die in den USA lebten, bürgten für seinen sofortigen Firmenwechsel zum amerikanischen Geheimdienst, der ihn später ins kommunistische China geschickt haben soll — bis zu seinem Ende am Galgen …

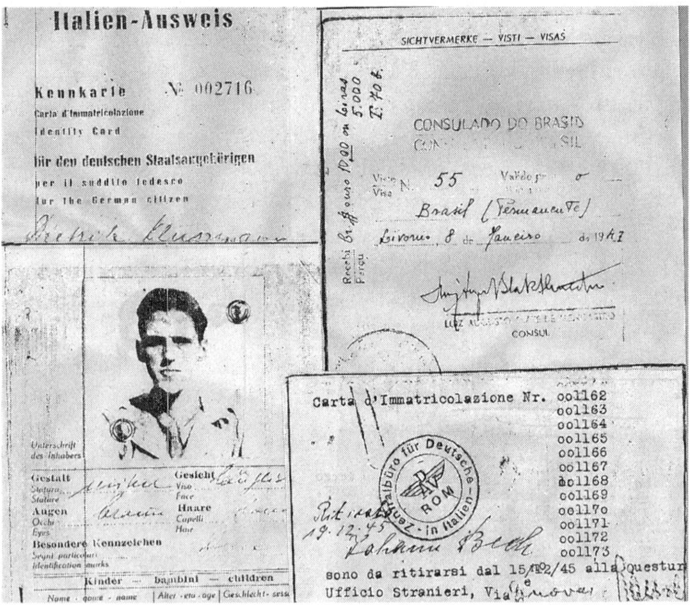

Pässe vom Nix-Büro.

Willi Nix jedoch, dessen Vergangenheit niemand, nicht einmal seine gutherzige italienische Frau genau kannte, ließ sich nicht einfach festbinden oder auch nur vorschreiben, wem er helfen durfte. Sogar seinen Protektor Mr. Leahy, der ihm so sehr gewogen war, verärgerte Nix, indem er — noch vor Kriegsende! — einfach ins alliierte Hauptquartier nach Caserta fuhr, um als Deutscher für »die« Deutschen Erleichterungen zu erwirken. Ein Oberst zeigte ihm ein ganzes Bündel von Beschwerden: »Sie werden sogar als Antisemit angeklagt«, sagte er zu Nix, der versicherte, daß er nichts gegen Juden habe, »doch jetzt sind meine Landsleute schlimmer dran als andere Flüchtlinge«.

Auch mit dem britischen Kommandeur eines großen Kriegsgefangenenlagers in Rimini verhandelte Nix und geriet ins Zwielicht, als dort im Juli 1946 vierzig Gefangene geflohen waren, unter ihnen auch SS-Offiziere wie Walter Rauff, der »Erfinder« der mörderischen Gaskammern; er entkam über Rom nach Chile ... Der »Alliierte Kontrollrat für Italien« beschuldigte Nix, daß er einigen der Flüchtlinge Ausweise ausgestellt habe: Sogar der sowjetische Vertreter im Kontrollrat schloß sich dem Vorwurf an, obwohl Nix in einer Grußbotschaft an das »Deutsche Freiheitskommitee in Moskau« schon im Juli 1944 sich und seinen Verein vorgestellt hatte.

»Nein«, beteuerte Nix, er habe nie flüchtigen Kriegsverbrechern geholfen, sondern SS-Leute hätten Ausweise drucken lassen und seine Unterschrift gefälscht. »Von uns bekam nur ein Reisedokument, wer sich irgendwie ausweisen konnte oder von vertrauenswürdigen Personen, von Priestern oder Ordensleuten, die bürgten, empfohlen war« — so etwa vom schillernden Bischof Alois Hudal, der sich später selbst als Nazi-Fluchthelfer rühmte. Von ihm erhielt Nix allerdings am 3. April 1946 einen bösen Brief, weil Mitglieder des Nix-Büros — »zum Beispiel Herr Todd« — ihn verdächtigt hätten, eine »deutsche Fünfte Kolonne«, also eine nazistische Untergrundorganisation, zu begünstigen. »Verehrter Herr Dr. von (!) Nix! Sie erinnern sich doch, daß ich als Bischof Ihnen als erster einen Baustein für Ihr Werk gegeben habe ...«, schrieb Hudal, erhielt aber keine Antwort.

Inzwischen war Nix in ein Netz von Mißtrauen, Verdächtigungen und Intrigen einiger seiner engsten Mitarbeiter geraten. »Alle wollten mitregieren«, notierte er. Bobby Todd versuchte sogar selbst Chef des Büros zu werden, indem er vor amerikanischen Freunden eine entsprechende, freilich gar nicht kabarettistische Show inszenierte. Dahinter steckten aber auch wachsende Zweifel an der Person des Chefs: Wer war eigentlich dieser Willi Nix? Erst Jahrzehnte später, in seinen allerletzten Aufzeichnungen, gestand er selbst, daß er gezwungen war, »ein Doppelleben zu leben«, ja daß er sich »von Zeit zu Zeit eine neue Biographie zulegte« — dies auch, als es nicht mehr ums Überleben ging. Der wirkliche Lebensweg ließ sich erst lange nach seinem Tod aufhellen, auch aus Akten, die in — Moskau verschwunden waren ...

In einer Arbeiterfamilie 1906 in Solingen geboren, früh verwaist und verwahrlost, arbeitete Willi Nix nach den Volksschuljahren bei Bauern. Als straffälliger Sechzehnjähriger wurde er für fünf Jahre in eine Erziehungsanstalt eingewiesen, wo man auf seine Intelligenz aufmerksam wird und ihm eine Grundbildung vermittelt. Junge Kommunisten, die er dabei kennenlernt, begeistern ihn so für ihre Partei, daß er nach seiner Entlassung eine kurze Karriere als Kulturfunktionär der KPD macht. Mit dem Pseudonym »Wolf von Lilien-Waldau« (das er noch später in Rom manchmal benutzt) tritt Nix als Redner auf Schulungskursen auf und wird als Informant in katholische und nationale Kreise eingeschleust. Die Kontakte wirken offenbar ansteckend, denn bald wird der evangelische Nix katholisch und schließt sich dem rechts-konservativen »Stahlhelm-Bund« an, der 1933 — kurz nach Hitlers Machtergreifung — in die SA der Nazis übernommen wird.

Inzwischen hatte Nix sein Schreibtalent entdeckt. Er wetterte gegen »Volksfremde Elemente« und »jüdische Hochfinanz« in einer kurzlebigen, von ihm selbst herausgegebenen Zeitschrift (»Die Abkehr«), die wahrscheinlich von seinem Freund, dem Stahlhelm-Führer Wilderich von Fürstenberg, finanziert wurde. Dieser westfälische Freiherr war es auch, der Nix Anfang 1933 eine Referentenstelle beim »Studentischen Arbeitsdienst« der Universität Münster verschaffte, wofür der junge Mann schnell seinen Lebenslauf frisierte: Kühn behauptete er, in Wien, Innsbruck und Fribourg (also im Ausland) studiert und über den Philosophen Kant promoviert zu haben. Erst viel später, als er sich für alternative Medizin zu interessieren begann, bezeichnete er sich auch als »Dr. med.«

Für derlei Seltsamkeiten begann sich freilich die Geheime Staatspolizei erst recht zu interessieren, als Nix beim Thema Kirche und Religion von der Parteilinie abzuweichen begann und das neue Heidentum der Nazis kritisierte. Von Freuden gewarnt, floh er deshalb Anfang 1934 zu den gut katholischen Austro-Faschisten nach Wien und war sogar einige Monate im Presseamt des Bundeskanzlers Dollfuß tätig — bis zu dessen Ermordung durch die Nazis. Dennoch scheute sich Nix nicht, wieder nach Deutschland zurückzukehren, wo er jetzt bei einem Pfarrer in Hamburg, dem späteren Bischof Johannes von Rudloff, Unterschlupf fand. Ohne jedoch furchtsam zu verstummen. So war schon bald im »Kirchenblatt« des Bistums Münster ein mit »Willi Nix« gezeichneter Artikel zu lesen, der die Blut- und Boden-Ideologie des Regimes mit der Kirchenlehre auf kuriose Weise zu versöhnen versuchte *und* kritisierte:

». . . Wir Katholiken haben immer Wert auf eine erbgesunde Familie und ein erbgesundes Volk gelegt, soweit Sünde und Schuld uns nicht daran hindern. Gibt uns die ernste Rassenforschung doch einen unerhört tiefen Einblick in die Schuldverfallenheit des Menschen durch die Erbsünde. Was wir aber ablehnen, ist der Versuch der Neuheiden, über die gesicherten Ergebnisse der Rassenforschung hinaus eine Rassenreligion zu verkünden . . .«

Mit Datum vom 5. Juli 1935 wurden diese Sätze veröffentlicht. Die Druckfahnen des Textes kannte die Polizei wohl schon, als sie Nix am 14. Juni im Hamburger Pfarrhaus verhaftete. Aber weder der Vorwurf »volksschädlicher« Ansichten noch der Verdacht, Nix sei österreichischer Agent geworden, reichte für eine Hochverratsanklage und einen Prozeß aus. Als »Schutzhäftling Nr. 329« wurde er vielmehr ins Konzentrationslager Esterwegen, dann nach Sachsenhausen transportiert. Hier erspart er sich allzu große

Qualen, indem er Nazifunktionäre in »Rassenkunde« unterrichtet — »auf meine Weise natürlich«, sagte er später.

1937 geht Nix zum Schein auf das Angebot ein, den aus Holland gegen die Nazis schreibenden Jesuitenpater Friedrich Muckermann zu bespitzeln, und erhält dafür einen Reisepaß, mit dem er aber schnell nach Österreich fährt. Zwei Kärntner Klöster nehmen ihn als naturheilkundigen Helfer auf, dann findet er sogar einen scheinbar festen Posten beim Studentenwerk St. Josef in Klagenfurt — bis er am Tage vor dem umjubelten »Anschluß« Österreichs an Hitler-Deutschland, am 12. März 1938, wieder die Flucht antritt. Mit dem letzten Zug ohne deutsche Grenzkontrolle erreicht Nix über Villach das faschistische — und doch rettende? — Italien.

Eine befreundete, hübsche Signorina empfängt ihn auf dem Mailänder Hauptbahnhof. Und bald sichern ihm seine Beziehungen zu Adels- und Kirchenkreisen wie auch seine Begabung, Fähigkeiten ohne Befähigungsnachweis glaubhaft zu machen, neue Überlebensmöglichkeiten: zuerst als Hauslehrer in einer Turiner gräflichen Familie, dann als Sprach-Dozent an der Berlitz-Schule in Genua und ab Sommer 1940 als »freiwilliger Assistent« am Gerichtsmedizinischen Institut in Rom. Da ist schon Krieg, und tüchtige Bürokraten der Deutschen Botschaft entdecken 1942, daß dieser merkwürdige Emigrant zwar kein Jude, aber auch kein Mediziner und kein deutscher Staatsbürger mehr sei. Er muß seinen Paß im Konsulat lassen.

Für Nix ist der Schock — wie so oft in seinem Leben — ein Signal zum Rückzug und zugleich zum Vorstoß. In einem Pilgerheim der Addolorata-Schwestern, das zum Staatsgebiet des Vatikans gehört, kann er sich wie über vierzig andere politische Flüchtlinge ohne Papiere nach dem deutschen Einmarsch in Rom 1943 verstecken. Und eben hier hat er den rettenden Einfall, selbst Pässe zu produzieren, sobald die Alliierten die Stadt besetzt haben. Sein »Deutsches Büro« funktioniert dann trotz schillernder Fakten und Figuren mit amerikanischem Segen, bis die Italiener nach dem Friedensvertrag vom Februar 1947 wieder allein Herren in ihrer Hauptstadt sind. Nun wird das Büro sofort geschlossen. Aber da liegen noch Blanko-Pässe, die kurz darauf verschwinden, nachdem der Nix-Schreibtisch — von »Unbekannten« natürlich — aufgebrochen worden ist.

Und das genügte, um den »dottore« wieder einmal zu verhaften. Diesmal landete er pünktlich zu Weihnachten 1947 im italienischen Internierungslager Fraschette bei Alatri. »Wir sind 150 Leute jeder Nationalität, vor allem Deutsche, Slawen, Nazis«, so notierte er. Gleich machte er sich als Dolmetscher und Seelenarzt auch beim italienischen Lagerkommandanten so beliebt, daß er einen freien Tag bekam, um seine geliebte Gräfin Vittoria zu heiraten. Dank ihrer guten Beziehungen zum christdemokratischen Innenminister Scelba durfte Nix bald schon nach Hause. Nein, nicht mehr zurück nach Deutschland. Als Arzt galt er ja nur in Rom ...

Um so erschrockener war er, als Jahrzehnte später, 1984, die »New York Times« einen Bericht des amerikanischen Geheim-

Willi Nix 1985 (im Gespräch mit dem Autor).

dienstagenten La Vista vom Mai 1947 als Beweis dafür ausgrub, daß hauptverantwortlich für die Flucht von Nazi-Verbrechern »der Vatikan« sei; dorthin sei nämlich der dafür »notorische Dr. Nix« geflohen und verschwunden, meinte La Vista, der offenbar versäumt hatte, seine Agenten-Kollegen zu fragen. Immerhin wurde die scheinbare Sensation nun zum Anlaß, Willi Nix und die Wahrheit über ihn (wenn auch damals noch nicht die ganze) zu entdecken.

Zu seinem 80. Geburtstag bekam er 1986 zwar kein Verdienstkreuz, jedoch einen Brief des Bonner Bundespräsidenten, in dem seine »humanitäre Tüchtigkeit« gerühmt wurde, »für die Sie mit der Ihnen eigenen Bescheidenheit nie öffentliche Anerkennung suchten«. Dafür gab es freilich noch andere Gründe im bewegten Leben dieses Mannes. Still starb er zwei Jahre danach in seiner bescheidenen Behausung bei Rom. Er selbst nannte sich einmal einen »Wanderer zwischen den Welten«.

Quellenhinweis: Nix-Nachlaß im Institut f. Zeitgeschichte (München) mit biograph. Studien von Dieter Marc Schneider (bis 1935); Verhörprotokolle d. Gestapo Münster (im Moskauer Dokumentationszentrum ZAS (Az 1361–1–7002); Aufz. von Gesprächen d. Verf. mit Nix in Rom 1984–86; Kopien unveröffentl. Memoirenfragmente v. Nix (im Archiv d. Verf.); Inf. über Nix u. Mohnen aus OSS-Papers, National Archives, Washington (d. R.A. Graham); Interview m. Todd von B. Bergermann in WDR 2 am 19. 1. 1985.

22. Überlebenskunst auf polnisch

I. Jul der Ohrenbläser

»Er erschien aus dem Nichts«, so erinnert sich einer der Veteranen unter den Konzern-Direktoren an den sonderbaren feinen Herrn, der in den fünfziger Jahren nicht nur im Aufsichtsrat des größten deutschen Stahl-Imperiums Platz nahm, sondern jahrzehntelang als »Ohrenbläser« der Familie Thyssen galt: Julian von Godlewski. Elegant, höflich, manchmal auch aufbrausend in seinem gebrochenen Deutsch, hielt man ihn für einen Südamerikaner. Denn mit argentinischem Paß war er aus Buenos Aires gekommen, wo der Großindustrielle Fritz Thyssen zuletzt bis 1951 lebte und nicht nur sein riesiges Vermögen, sondern auch die Obhut seiner Witwe Amelie dem guten Freund »Jul« anvertraut hatte. Kaum jemand wußte oder ahnte auch nur, was Jul damals — im zweigeteilten Deutschland des kalten Ost-West-Krieges — sorgsam verschwieg: daß er Pole war und auch die Verbindung mit seiner Heimat nie abreißen ließ . . .

Begonnen hatte die Beziehung — in der Schweiz: In einem Lungensanatorium in Davos begegnete Thyssens Tochter Anfang der dreißiger Jahre einem hübschen jungen Mann, der sich freilich nie für Frauen, aber für schöne Künste und deren Mäzene interessierte. Einen Schwiegersohn aus dem ostpolnischen Lemberg (Lwów), wo Godlewski 1903 geboren war, konnte sich ein deutscher Industrieller wie Fritz Thyssen, der seit 1923 Hitler finanzierte, ohnehin nicht wünschen. Allenfalls der juristische Doktortitel und ein Wappen des galizischen Kleinadels, das Godlewskis Ring zierte, machten es möglich, eine Bekanntschaft zu pflegen, die erst der Krieg aufleben ließ. Denn nun führten getrennte Wege zusammen:

Obwohl das Stahlgeschäft blühte, weil »Stahlgewitter« bevorstanden, empfand Thyssen den Kurs des Regimes immer unheimlicher. In Briefen an den »Führer« beklagte er, daß »Juden beraubt und gequält« wurden und Hitler sogar mit Stalin paktierte. Am 1. September 1939, dem Tag, an dem mit dem Überfall auf Polen der zweite Weltkrieg begann, emigrierte Thyssen in die Schweiz. Und am gleichen Tag begann der Leutnant Godlewski in einem polnischen Ulanen-Regiment hoch zu Roß gegen vorrückende deutsche Panzer zu reiten und bald schon die Flucht zu ergreifen. Über Rumänien, Ungarn, Italien gelangte auch er in die Schweiz.

Nur kurz war hier die Begegnung. Während sich »Jul« zur polnischen Exilarmee nach England durchschlug, wo bald — mitten im Krieg! — ein Buch Thyssens erschien (Titel: »I paid Hitler«), wagte der Industrielle 1941 eine Reise aus der Schweiz in den von Deutschen unbesetzten Teil Frankreichs, wo er Freunde in Geheimdienstkreisen zu haben glaubte. Doch bald lieferte ihn das Vichy-Regime den Nazis aus; sie schleppten den »Verräter« mit seiner Frau von einem Konzentrationslager ins andere, zuletzt vom KZ Dachau ins Pustertal, wo »prominente« Häftlinge 1945 für etwaige Geschäfte mit den Siegern überleben durften. Doch eben diese scheinbare Gunst und Thyssens Ruf als »Industrieboß, der Hitler bezahlt hatte«, ließen ihn nun in einem amerikanischen Internierungslager landen.

Und da kam als rettender Engel ein Mann in britischer Uniform, der in der polnischen Exilarmee gekämpft hatte und nun für einen umstrittenen Deutschen bürgte. Das war der Anfang von Julian Godlewskis Aufstieg vom heimat- und mittellosen Emigranten zum Verwalter eines der größten Privatvermögen. Und nicht nur im westlichen Deutschland, sondern auch in der Schweiz, wo Fritz Thyssens Bruder Heinrich als adoptierter (weil mit einer ungarischen Adligen verheirateter) Baron von Bornemisza bei Lugano märchenhafte Kunstschätze ansammelte, und ebenso in Argentinien, wohin sich Fritz zurückzog und — umsorgt von Freund Jul — 1951 starb. Auch seiner Witwe diente der polnische Edelmann bis ans Ende ihres Lebens auf Schloß Puchau in Bayern. Allabendlich gab es dort ein Diner für zwei mit Smoking und Kerzen.

Später lebte Godlewski fast allein in einem Züricher Hotel-Appartement und spann — ganz diskret — Fäden in seine polnische Heimat. Zumal, als sich dort das stalinistische Regime lockerte, die kommunistische Führung nationale Töne anstimmte — und Geld aus dem Westen brauchte. Stolz erzählte Jul, wie ihm beim ersten Polen-Besuch 1962 gleich nach der Grenze ein Bauer das erste Glas heimatlichen Wassers reichte und er beglückt eine Hundert-Dollar-Note zückte. Dem Museum im Krakauer königlichen Schloß brachte er schon damals einen unschätzbar wertvollen Gobelin mit. Überhaupt wollte er nur noch als Wohltäter seines Landes tätig sein. In aller Welt ließ er Kunstwerke aufkaufen, die einen Bezug zur polnischen Geschichte hatten, geraubt oder verschollen waren, und spendierte sie dem Nationalmuseum in Warschau, dem Krakauer Wawel oder dem Armee-Museum in Posen. Eine wertvolle Handschrift aus dem 16. Jahrhundert, der Königin Anna gewidmet, schenkte er 1974 zum 30jährigen Bestehen der (kommunistischen) Polnischen Volksrepublik, da er — wie er in einem Brief bedauerte — leider nicht persönlich an den Feiern teilnehmen könne ... Zugleich finanzierte er den Bau von Kirchen und Klöstern, Kinder- und Blindenheimen, ja die polnische Mount Everest-Expedition, er stiftete Stipendien und Preise — und manchmal auch leise Verwirrung.

So, als er, fast achtzigjährig und kränklich, aus seiner Schweizer Luxusherberge in sein vergleichsweise bescheidenes Warschauer Lieblingshotel übersiedelte. In Polen, wo zu dieser Zeit Kriegsrecht herrschte, wollte er sterben; hier wurde Julian Godlewski Anfang Februar 1983 begraben. Ein katholischer Bischof und ein kommunistischer General hielten rühmende Reden. Auf dem Sarg lag der höchste Verdienstorden der polnischen Volksrepublik, und aus der deutschen Bundesrepublik ein Blumengebinde der Thyssen-Familie.

Quellenhinweis: Inf. Gespr. mit Dr. Andrzej Skorupski u. Xawery Krasicki (Warschau), Klaus Arntz (Mühlheim); G.W. F. Hallgarten, »Hitler, Reichswehr und Industrie«, Frankfurt/Main, 1955.

II. Jacek der Theaterkommunist

Nie stand er im Rampenlicht — weder im Theater, ohne das er nicht leben konnte (auch als seine Rezensionen nur noch belächelt wurden), noch in der deutschsprachigen Literatur, die er ins Polnische übersetzte, aber kaum genau las; auch nicht in der Politik, die er, der »alte Kommunist«, wie schlechtes Theater betrachtete. Auch die erbärmlichsten Darsteller des Welttheaters konnten jedoch nie seine Leidenschaft für die »Bühne« ersticken. Sein kritischer, mit Liebe gemischter Zorn blieb stets wach. Aber auch seine sehr menschliche Bereitschaft, eineinhalb Augen zuzudrücken, wenn es galt, zu leben und leben zu lassen . . .

So war Jacek Frühling. Mit Geschichten, die zu seinem Leben wurden, hat er sich vor der Geschichte gerettet. Obschon er sich vom Kommunismus laut Parteiausweis nie getrennt hat, hielt er von dieser Ideologie so wenig wie von jedem anderen »-ismus«. Die Auszeichnung, mit der die Warschauer Sowjetbotschaft 1967 den »Revolutionär der ersten Stunde« ehrte, pflegte er nur Freunden zu zeigen, die dieses Mißverständnis zu genießen wußten. Denn Jaceks »politisches Leben« war allenfalls mit den Maßstäben jenes Lasik Roitschwantz zu messen, dem sein russischer Freund Ilia Ehrenburg zu literarischem Rang verholfen hat; es begann am Ende des ersten Weltkriegs, als der polnisch-jüdische Bürgersohn aus dem galizischen Lemberg (Lwów) seine österreichische Uniform, in der er kampflos in russische Gefangenschaft geraten war, ablegte und — Bolschewik wurde. Wieder nicht mit der Waffe, sondern als Nachrichtenredakteur der ersten Revolutionszeitung in Samara an der Wolga. Daß Jacek 1892 zufällig in Moskau geboren war und eine russische Volksschule besucht hatte, kam ihm zugute: Es ließ ihn 1918 sogar zum Vizekommissar eines »Arbeiter- und Soldatenrates für Schulwesen« aufsteigen. Doch bevor die bolschewistische Revolution in den Bürgerkrieg führte, setzte er sich eilends in die Hauptstadt ab — zwar ohne Gepäck, doch mit einer charmanten Begleiterin, die Beziehungen bis zu den neuen Kreml-Herren hatte . . .

In Moskau gab es — und dies blieb für ihn stets zweitwichtigste Lebenslust — gutes Theater. Aber es gab auch »Trybuna«, die Zeitung der polnischen Kommunisten, in deren Nachrichtenredaktion Jacek Frühling unterschlüpfte. Julian Lenski, später Parteichef der polnischen KP, wurde Jaceks Protektor, mit dem er Ende 1919 nach Polen zurückkehren konnte — jener Lenski, den Stalin 1938 nach Moskau locken und ermorden ließ. Jacek jedoch bewegte sich in den zwanziger Jahren nur von Premiere zu Premiere, von Ballerina zu Ballerina, ohne je dem damaligen rechtsautoritären Regime Polens aufzufallen. Als er auch die Schreckenszeit deutscher Besatzung mit Schläue überstanden hatte (sein katholischer Taufschein half) und nun alte Freunde aus Moskau mit neuen Warschauer Kommunisten anrücken sah, da holte Jacek seine »Revolutionspapiere« aus dem Versteck. Sie verhalfen ihm zu einer Freiheit ohne Emigration:

Schon im Herbst 1945 reiste er für fünf Jahre in die Schweiz, »ins Vaterland des Wilhelm Tell« (so jubelte er) — als Presse- und Kulturattaché, an der Seite seines jahrzehntelangen Bridge-Partners Jerzy Putrament, eines Schriftstellers, der nun Polens Gesandter in Bern geworden war. Für die Schweiz brauchte Jacek Frühling seinen unpolitisch-deutschsprachigen Namen nicht zu ändern (wie etwa sein Freund Marcel Reich, der damals als polnischer Konsul nach England ging und sich Ranicki nennen mußte). Nicht der Diplomatenschreibtisch in Bern beschäftigte Jacek, sondern — das Züricher Schauspielhaus. Die großen Premieren der Nachkriegszeit von Zuckmayer, Giraudoux, Sartre, Miller, Dürrenmatt und Frisch (den Jacek übersetzte und als »Architekt« nach Polen einlud) bewegten ihn mehr als aller Kalter Krieg.

Während sich auf den Titelseiten der Ost-West-Konflikt zuspitzte, schrieb der Kulturattaché Volkspolens unter dem Namen einer Freundin muntere Feuilletons für eine bürgerliche »Berner Zeitung«. Mit jener Dame telefonierte er dann fast täglich stundenlang, als er in den fünfziger Jahren wieder in Warschau saß und von den Stalinisten keinen Reisepaß mehr erhielt. Kaum jemand wagte damals private Ferngespräche nach Westen, deren Zloty-Tarif deshalb grotesk billig war. Solche Frechheit erboste die polizeilichen Abhörer, doch Jacek holte sich die »Erlaubnis« direkt vom obersten Sicherheitschef Jakub Berman, dem er die entwaffnende Frage stellte: »Genosse, sagen Sie mir ehrlich: Ist das Telefonieren ins Ausland verboten? Oder Liebe überhaupt?« Berman mußte zugeben: Nein. Er bat nur streng, auf das zu verzichten, was heutzutage Telefon-Sex heißt ...

In den sechziger Jahren wurde Jacek wieder der Reisepaß verweigert. Er litt unsäglich darunter — als hätte man ihm die Luft abgeschnitten. Unablässig grübelte er über die Gründe nach, die ihm niemand nannte. Etwas Riskantes hatte er bei seinen Westreisen, die ihm seit dem politischen Tauwetter 1956 wieder erlaubt wurden, nie von sich gegeben — weder bei den Tagungen der Gruppe 47 noch bei seinen Auslandsvorträgen über »Polnisches Theater«. Für ihn waren das immer nur Gelegenheiten, Berliner, Wiener, Züricher, Düsseldorfer und Hamburger Bühnen zu erleben. Um im Westen zu bleiben (wie etwa sein Freund Reich-Ranicki), fehlten ihm sowohl die aggressive Intelligenz wie die Lust zur »Germanisierung«. Vor allem aber hätte er als Emigrant auf sein geliebtes Warschauer und Krakauer Theater verzichten müssen. Niemand konnte ihn je der literarischen »Konspiration« verdächtigen; man wußte, daß er das linke Engagement westlicher Literaten für »sinnlose Spielerei« hielt wie auch das meiste an moderner Literatur, die er, um leben zu können, übersetzte. Warum also ließ man ihn dann plötzlich nicht mehr nach Westen reisen?

Die Klärung hatte er der Schauspielerin Nina Andrycz, der Frau des Ministerpräsidenten Cyrankiewicz, zu verdanken. Sie gehörte nicht nur zu Jaceks Bridgepartnern, sondern war ihm auch verpflichtet, weil er sie in der Warschauer Abendzeitung stets hochlobte — einmal sogar, ohne daß die erkrankte Dame aufgetreten war (was Jacek nicht ahnte, weil er die Vorstellung versäumt hatte). »Eine gute Schauspielerin braucht man nicht zu sehen — das ist Sache des Vertrauens«, sagte er zu den entsetzten Redakteuren. Frau Nina aber ließ dankbar ihre Beziehungen spielen, und eines Tages wurde Jacek ins Innenministerium gebeten.

Und was bekam er dort zu hören? Sich selbst vom Tonband! Die Polizei, die ihre Mikrofone in die Warschauer Wohnung eines deutschen Zeitungs-Korrespondeten eingebaut hatte, registrierte Jaceks Stimme mit einer Schimpfkanonade gegen die obersten Herren des Landes. Das Schlimmste aber war, daß »sogar der deutsche Journalist« den wütenden Jacek vergebens zu beschwichtigen suchte ...

Jacek verstand es, Schuld- und Reuegefühle zu mimen; er spielte sie so vortrefflich, daß der junge Sicherheitsoffizier dem alten Mann schließlich den Reisepaß gab und Jaceks Freund wurde. Gegen kleine Gefälligkeiten durfte er weiter nach Westen reisen.

Jahr für Jahr kam er nach Venedig, nun schon kränklich, aber immer noch voll sarkastischer Aussprüche über Kommunisten und Kapitalisten, Literaten und Theaterleute. Am ersten Tag holte er sich dann stets die Dollaranweisung seiner Stieftochter (die auf der New Yorker »Fifth Avenue« wohnte), verzichtete auf das für zwei Wochen reservierte Zimmer im »Grand Hotel« und zog sich zwei Monate lang in ein Privatzimmer zurück. Er sah sein kommendes Ende mit dem der Welt — *seiner* Welt — eng verbunden. Der Tod hat Jacek Frühling 1976 nicht in Venedig ereilt — wie er, der Theaterbesessene, gehofft haben mag — sondern an der Weichsel. Hier, wo er wie viele seiner Schicksals-, Leidens- und Parteigenossen die Kunst des Überlebens in widrigen Zeiten zu einer stillen Meisterschaft entwickelt hatte.

Quellenhinweis: Aufzeichnungen des. Verf. über Gespräche mit J.F. 1956—1976. J. Frühling, »W moim kalejdoskopie«, Warszawa, 1964.

III. Lec der geistreiche Hofnarr

Über seinem Schreibtisch hing stets ein Porträt Franz Josephs, des letzten Habsburgerkaisers. Auch das war satirisch gemeint

— sogar im Blick auf das eigene Leben. Denn jeder Satiriker träume »leidenschaftlich von der Vergänglichkeit seiner Werke«, schrieb Stanislaw Jerzy Lec. Im Geburtsregister von Lemberg (Lwów), wo er 1909 — ein Jahrzehnt vor dem Untergang der K. und K.-Monarchie — geboren war, wurde sein Name noch »Letz« geschrieben, was er dann der polnischen Aussprache wegen »Lec« buchstabieren ließ. »Die Winde ändern die Wegweiser«, schrieb er später, als er mit Bleistift und Notizbuch täglich stundenlang durch das zerstörte, halbwegs wieder aufgebaute, befreite und wiederum beherrschte Nachkriegs-Warschau spazierte:

»Espen zittern unter jedem Regime. Aber, zum Kuckuck, sie grünen auch unter jedem«, tröstete er sich und warnte: »Fahre nicht aus der Haut — wenn du kein Rückgrat hast!« Langsam, endlos brütend in den neuen alten Cafés, tastete er sich — zur Freude wie zum Kummer der geduldeten satirischen Zeitschrift »Szpilki« (Stacheln) — an den radikalen, entwaffnenden Aphorismus heran: »Analphabeten müssen diktieren.« Drei Worte, die jede Zensur überleben können und doch Systeme entlarven. Liebhaber von Poesie bewunderten Lec als Hofnarren der Politik, Machthaber ließen ihn bewachen — erfolglos. Denn schließlich war er nicht nur gelernter Jurist, sondern auch erfahrener Kommunist.

Damals, im Zweiten Weltkrieg, war er der Vernichtungsmaschine der Hitler-Schergen entkommen — zuerst 1941 durch Flucht aus dem Konzentrationslager Tarnopol, dann aus dem Warschauer Ghetto. Bei der kommunistisch geführten »Volksarmee« fand er Unterschlupf und die Möglichkeit, auf seine Weise gegen den mörderischen Feind zu kämpfen: Als Major der Propagandakompanie nutzte er seine Sprachkenntnisse aus der Zeit des Lemberger deutschen Gymnasiums, entwarf Flugblätter zur Erschütterung der feindlichen Kampfmoral (»Während du an der Ostfront bist, umarmt deine Frau der falsche Faschist«) und tröstete seine gequälten Landsleute in der polnischen Untergrundzeitung »Demokrata« durch satirisch-optimistische Deutungen auch fataler Ereignisse. So, als Hitler den SS-Reichsführer Heinrich Himmler 1943 auch noch zum Reichsinnenminister ernannte: »Offensichtlich brodelt unter dem Berliner Kessel schon so viel rote Glut, daß man den Henker auf den Deckel stellt in Wut.«

Als dann der große Schrecken vorüber war und Polen doch nicht ganz frei (»Die Freiheit der Sklaven mißt man an der Länge ihrer Kette«) und als das heimatliche Lemberg sogar sowjetisch wurde, da gelang es Lec, sich ins geliebte Wien abzusetzen. Nicht als Emigrant, nein, im Diplomatischen Dienst des neuen Polen als Kulturattaché. Fast fünf Jahre balancierte er zwischen Burgtheater und Büro und befolgte seinen eigenen Rat: »Liebet eure Feinde, vielleicht schadet das ihrem Ruf.« Und immer wieder bekam er jetzt diskret zu spüren: »Auch die Antisemiten erkennt man an ihren Nasen. Den schnüffelnden ...«

Das erleichterte ihm, auf seine Weise zu resignieren, als 1950 in Polen der Stalinismus triumphierte und »fortschrittlich« genannt wurde. »Wenn ein Menschenfresser mit Messer und Gabel ißt — ist das Fortschritt?« notierte Lec. Also kehrte er Polen den Rücken und versuchte in Israel Fuß zu fassen. Nicht lange. Seine Warschauer Freunde, aber auch Feinde, trauten ihren Augen nicht: Schon 1952 kehrte er zurück und blieb, obschon ihn das Regime mit einem Publikationsverbot empfing. »Wehe den Diktatoren, die glauben, sie seien keine!« schrieb er und blieb Optimist. Warum? Weil er »an den erlösenden Einfluß des Pessimismus« glaube. Und wahrhaftig: Als 1956 das Tauwetter jenes »polnischen Oktober« möglich wurde, begann — trotz manchem neuen Frost und Frust — auch für Lec ein großes, freilich letztes Jahrzehnt. Nicht nur im Krakauer Literaturverlag, sondern sogar in der als »revanchistisch« verschrieenen westdeutschen Bundesrepublik durften die »Unfrisierten Gedanken« von Lec erscheinen. »Laßt nicht verhungern, wen ihr fressen wollt!« höhnte er und empfahl dem Westen das Licht aus dem Osten: »Ex oriente lux — ex occidente luxus ...« Als er einmal gefragt wurde, warum er immer nur kurze Scherze schreibe, lächelte er: »Weil mir die Worte fehlen«.

Im Frühjahr 1966, kaum 56 Jahre alt, verstummte Stanislaw Jerzy Lec für immer. »Der Sargdeckel ist auf der Seite des Verbrauchers schmucklos«, hatte er vorausgesehen. Was hätte er, beim

Anblick des kommunistischen Generals und der Ehrenkompanie an seinem Grab und beim Donnern der Salutschüsse gesagt? »Die Uhr schlägt. Alle.«

Quellenhinweis: St. J. Lec, »Unfrisierte Gedanken« (1959), »Neue unfrisierte Gedanken« (1964), übers. von Karl Dedecius; Inform. v. Marcel Reich-Ranicki u. Jan Spiewak.

IV. Marcel der Bücherpapst

Jedes Leben hat seine Geschichte — nicht nur im biographischen Sinne. Erst vor dem historisch-politischen Hintergrund der Zeit gewinnt manche kontroverse Figur reale Konturen, unvernebelt vom Streit schrecklicher Vereinfacher. So, wenn ein viel bewunderter und bezweifelter »Literaturpapst« wie Marcel Reich-Ranicki in politisch-moralisches Zwielicht gerückt wurde, weil nach dem Fall der Ost-West-Mauer scheinbar Fatales aus seinem Leben bloßgelegt werden konnte:

Begonnen hatte dieses Leben in dem polnischen Weichsel-Städtchen Wloclawek. Von hier war der neunjährige Marcel Reich mit seinen Eltern nach Berlin, in die Heimat seiner deutsch-jüdischen Mutter, umgezogen; es war 1929 — vier Jahre, bevor 44 Prozent der deutschen Wähler für die Partei des Reichskanzlers Hitler stimmten, und vier Jahre, nachdem dieser Hitler in seinem Buch »Mein Kampf« bedauert hatte, daß nicht schon im Ersten Weltkrieg Zehntausende »dieser hebräischen Volksverderber unter Giftgas gehalten« wurden ...

Im Berliner Fichte-Gymnasium, wo es gut-bildungsbürgerlich und preußisch zuging, war von Antisemitismus noch wenig zu spüren. »Sie behandelten uns Juden wie andere, wunderten sich aber auch nicht, daß wir von Schulausflügen ausgeschlossen waren und vom Rassenkunde-Unterricht«, erinnert sich Marcel. »Ich glaubte viel zu lange und viel zu sehr an Dinge, die man mir in der preußischen Schule beigebracht hatte — so etwa, daß stets die gerechte Sache siegt.« So blieb er auch noch in Berlin, als seine Eltern vorsorglich schon 1937 nach Warschau übersiedelten. Marcel aber wollte und bekam auch sein deutsches Abitur noch im gleichen Frühjahr 1938, in dem es in ganz Deutschland zu antijüdischen Gewalttaten kam. Am 28. Oktober 1938, zehn Tage, bevor das Massen-Pogrom der »Reichskristallnacht« in Gang gesetzt wurde, transportierte man siebzehntausend Juden polnischer Staatsangehörigkeit — unter ihnen Marcel Reich — mit einem Ausweisungsbescheid an die deutsch-polnische Grenze. Rettung? Als Hitlers Armeen dann 1939 Polen überfielen und Stalins Rote Armee von Osten her einfiel, floh Marcel weiter nach Osten, wo er — anders als seine Eltern, die in Warschau blieben — das kleinere Übel vermutete. Nicht lange. »Das Russische war mir fremd, die Deutschen kannte ich doch und dachte, irgendwie wird das gehen.« Im deutsch besetzten Warschau fand der 19jährige Unterschlupf bei der jüdischen Gemeinde, die jetzt dringend einen guten Übersetzer für deutsch brauchte. Ein Posten zum Überleben?

Ein »jüdischer Wohnbezirk«, ein Ghetto wie im Mittelalter, war im Oktober 1940 in Warschau eingerichtet worden. Auch die Familie Reich gehörte zu den Bewohnern, und Marcel wurde beim Judenrat, der scheinbaren Selbstverwaltung des Ghettos, als Dolmetscher beschäftigt. Am 22. Juli 1942 erschien in seinem Büro der SS-Hauptsturmführer Hans Höfle und diktierte ihm in die Schreibmaschine: »Alle jüdischen Personen, gleichgültig welchen Alters und Geschlechts, welche in Warschau wohnen, werden nach dem Osten umgesiedelt.« Ausgenommen seien nur Mitglieder oder Angestellte des Judenrats und deren Familienangehörige; als solche aber sollten nur deren Kinder und Ehefrauen gelten.

Marcel verstand sofort das Ungeheuerliche und die winzige Chance. Noch am gleichen Tag eilte er mit seiner geliebten Freundin Tosia Langnas zum Rabbiner der Ghetto-Synagoge und bat um Trauung; die Heiratsurkunde wurde zurückdatiert. Denn an diesem Abend schon begannen die Todeszüge zu rollen. Bis Oktober 1942 waren 310 322 Menschen in das Vernichtungslager Treblinka verfrachtet, auch Marcels Eltern, sein Bruder und Tosias ganze Familie. Aber auch die Schonfrist für die beiden Überlebenden drohte abzulaufen. Es war ein fast hoffnungsloser Versuch zu überleben, als Marcel mit Tosia nach Bestechung der Wachen Anfang 1943 aus dem Ghetto floh. Aber wohin? Die Todesstrafe drohte jedem Polen, der Juden versteckte — freilich auch ein Motiv für manchen erpresserischen Lebensretter inmitten von Hunger und Elend. So konnten die Flüchtigen schließlich untertauchen; als Kellerarbeiter drehten sie »schwarze« Zigaretten, und Marcel hielt die Nothelfer bei Laune, indem er ihnen Geschichten erzählte: alles, was er an Literatur schon gelesen hatte, auf primitiv Spannendes reduziert — »und Fortsetzung folgt morgen«. In dem Haus in Goclawek, einem Vorort Warschaus, wurde immer wieder mit Gewehrkolben angeklopft, hörte man die Häscher auf deutsch die Frage brüllen: »Keine Juden hier?« Bis dann endlich, nach achtzehn Monaten, im August 1944, russische Stimmen schrien: »Keine Deutschen hier?«

Stalins Rote Armee hatte die Weichsel erreicht. »Wenn ich am Leben geblieben bin, habe ich es der Sowjetunion zu verdanken«, sagt Marcel. Um sich für die Sache der Befreier einzusetzen, bedurfte es keines ideologischen Nachdenkens, es war die psychologische Konsequenz: »Ich wurde Kommunist aus Dankbarkeit; sie wiegte mich in der Illusion, daß ein gerechter, ordentlicher, von Antisemitismus freier polnischer Staat entstehen könnte.«

Zwar wußte Marcel von Verbrechen Stalins, aber — sagt er — »wir dachten, daß das alles nur schlimme Kinderkrankheiten des Kommunismus gewesen seien, und daß der Sieg über Hitler-Deutschland, aber auch die Gemeinsamkeit mit den westlichen Alliierten diese Phase überwunden habe«.

Noch war Krieg. Stalin pokerte, taktierte mit den Londoner Exil-Polen und brachte zugleich seine Moskauer Exil-Polen ins Spiel, auch nichtkommunistische. Hinter der vorrückenden Front bildete sich in Lublin im Juli 1944 ein »nationales Befreiungskomitee« (PKWN), in dem polnische Kommunisten aus Moskau den Ton angaben. Und mit diesen rivalisierten kommunistische Partisanen, die in Polen im Untergrund aktiv gewesen waren. In diese verwirrte Szenerie geriet also der Ghetto-Überlebende Marcel Reich, als er im Sommer 1944 mit seiner Frau nach Lublin kam, mittellos, ratlos, voll Hunger und Haß.

»Wir wollten beim Kampf gegen die Deutschen helfen.« Wenn nicht mit der Waffe, dann mit dem Kopf. So meldete er sich bei der »Armia Ludowa«, der Volksarmee, bei deren Propagandakompanie es etwas zu essen, eine Uniform zum Anziehen und vor allem einen Oberleutnant gab, der einen sprachgewandten Mitarbeiter brauchte. Dieser Offizier war der Lyriker Stanislaw Jerzy Lec (siehe Seite 175).

So war es dann auch selbstverständlich, daß der junge Mann mit dem schlauen Kopf und der preußischen Genauigkeit inmitten des Nachkriegs-Chaos genau dort landete, wo diese Verhältnisse besonders paradox waren: beim Staatssicherheits-Ministerium und seinen — trotz »brüderlicher Hilfe« aus Moskau — holpernden, weil nagelneuen Apparaten, von der Postzensur bis zum Geheimdienst. »Wir haben uns Illusionen gemacht«, erinnert er sich. »Damals wurde jeder, der nützlich sein konnte, mit Freuden begrüßt; man forderte durchaus nicht, daß er rot war... Doktrin wurde in kleinen Dosen verabreicht«, so schrieb der Dichter Czeslaw Milosz, der bis 1950 der neuen Republik als Diplomat diente, ohne Parteimitglied zu sein. Traf seine Beschreibung des allmählich »verführten Denkens« auch auf Marcel zu?

»Als ich das Buch von Milosz las, spürte ich, daß es auch um mich ging.« Erst im Sommer 1946 wurde er Mitglied der Partei, nachdem er ein halbes Jahr im »Büro für Rückerstattung und Entschädigung« der Polnischen Militärmission in Berlin gewesen war. Zum ersten Mal also wieder in der Stadt seiner Schulzeit. Hier hatte er beides kennengelernt, was sein Leben bestimmen sollte: Deutsche Literatur von Goethe bis Tucholsky und deutsche Gründlichkeit — auch beim Rassenwahn. Und diese Erinnerung bestärkte ihn in der Überzeugung, daß »ein kommunistisches Polen das einzige für Juden erträgliche« sei — wenigstens relativ (so dämmerte ihm erst später).

Der Kalte Krieg lag schon in der Luft. »Mit Ihrem deutschen Namen, noch dazu Reich, können Sie nicht nach Großbritannien gehen!« sagten die Vorgesetzten zu Marcel, als sie ihn auf den Posten eines Konsuls 1948 in die polnische Botschaft nach London schickten. Spontan fiel ihm der Name »Ranicki« ein, um sich zu polonisieren. Falsche Namen waren in der Geheimdienstbranche ohnehin üblich — so wie auch alle Kenner wissen, daß die Spionagebeauftragten mit Vorliebe im Konsulardienst untertauchten. So war der 28jährige Mr. Ranicki für den Secret Service kein Geheimnis und nie interessant. Fleißig verbuchte Marcel Bewegungen und Stimmungen in polnischen Emigrantenkreisen Londons; da die Einführung preußischer Ordnung im Büro ziemlich hoffnungslos war, genoß er es vor allem, im Westen zu sein ...

Indessen zogen immer finsterere politische Wolken über Osteuropa auf und überschatteten die Londoner Jahre Marcels. Stalin ließ jede taktische Rücksicht fallen. Tito, der Schöpfer des kommunistischen Jugoslawien, wurde als »imperialistischer Agent« verdächtigt; Laszlo Rajk, dem kommunistischen Außenminister Ungarns, wurde als »amerikanischem und Tito-Agenten« der Prozeß gemacht; in Polen stürzte der angeblich »nationalistische« Parteichef Gomulka. »Ich konnte alle diese Beschuldigungen einfach nicht glauben und geriet unentwegt in Verlegenheit, wenn ich in London danach befragt wurde«, erinnert sich Marcel. »Auch ich galt als ›kosmopolitisch‹ angehaucht.«

Doch das Naheliegende, nun im Westen zu bleiben, erwog Marcel keinen Augenblick. Eine fast pedantische Vorstellung von Loyalität sagte ihm: »Man ist kein Verräter.« So beantragte er seine Abberufung aus London. Und das Regime quittierte dies sofort nach seiner Rückkehr mit Verhaftung. Allerdings nicht lange. Nur sein überkorrektes Verhalten hatte offenbar Verdacht geweckt: War da ein britischer Spion zurückgekehrt? Die beste Freundin der Ranickis in der Londoner Botschaft, Paula Born, saß fünf Jahre im Gefängnis, nur weil sie während des Krieges in der Schweizer Emigration jenem Journalisten Noel Field begegnet war, einem amerikanischen Kommunisten, der nun als dubioser Kronzeuge osteuropäischer Schauprozesse diente.

Zu seinem Glück hatte Marcel sich aus dem schlimmsten Dschungel herausgehalten. Da auch der Stalinismus in Polen nicht so konsequent betrieben wurde wie anderswo, traf Marcel nur die milde Strafe des Parteiausschlusses wegen »ideologischer Fremdheit«. Er unterschrieb eine Verpflichtung, Dienstgeheimnisse zu wahren, und erhielt beim Militärverlag Unterschlupf als Lektor. Als Herausgeber von Büchern und als Kritiker schrieb er, wie alle, unter Zensur. Noch immer hielt er sich für einen Marxisten und kämpfte sogar um Wiederaufnahme in die Partei. Erst ein vorübergehendes Publikationsverbot kurz vor Stalins Tod 1953 und dann das ideologische »Tauwetter« bewogen ihn zu einer Wende, die nicht einmal die polnische »Oktober«-Begeisterung von 1956 (nach der Rückkehr Gomulkas) bremsen konnte.

Die Ernüchterung ergriff Marcel mit unaufhaltsamer Konsequenz. Sein Verstand, der seit langem die Zuflucht vieler Gefühlsaufwallungen war, sagte ihm, daß er Polen hinter sich lassen mußte. Am 20. Juli 1958 verließ er Warschau, angeblich zu einer Urlaubsreise — in Wirklichkeit für immer. Einen Reisepaß konnten Polen damals nur mit Einladung aus dem Westen erhalten; er hatte sie von einem Onkel in Frankfurt am Main. Dort begann er bald für die FAZ zu schreiben — »wohl Jude, wie?«, schien sich deren Feuilleton-Chef Friedrich Sieburg zu wundern …

War es bewältigte oder ganz unbewältigte Vergangenheit, die den Überlebenden des Warschauer Ghettos nach Deutschland emigrieren ließ? Marcel war von Anfang an entschlossen, keinen Augenblick als Verfolgter, als bittstellender oder gar anbiedernder Emigrant aufzutreten. Nicht aus Arroganz, sondern aus dem Willen zur psychischen Selbsterhaltung. Nachdem sein Versuch gescheitert war, in Polen eine Existenz (in jedem Sinne) zu gründen, blieb nur die Möglichkeit, es in dem Land zu versuchen, mit dessen Geist und Kultur er sich von Kindheit an verbunden fühlte, aus dem aber auch das Unglück seiner Familie, der Mordwahn und die Mörder gekommen waren. Völker als solche solle man weder hassen noch lieben, sagte er mit einem Nietzsche-Zitat.

Hat er aber die Deutschen nicht doch gehaßt? »Abstrakt, nicht konkret«, meint er, während Tosia leise bemerkt: »Ich kann nicht vergessen, daß es konkrete Menschen, nicht Abstraktionen waren, die meine Familie …« Sie spricht den Satz nicht zu Ende. Er aber weiß schon lange den Um- und Ausweg: »Meine Heimat ist nicht Deutschland, sondern die deutsche Literatur — eine abstrakte Heimat, ja! Aber war es nicht immer so bei uns? Man kann aufhören, Kommunist oder Christ, Pole oder Deutscher zu sein — Jude nicht! Die Bibel war, wie Heinrich Heine sagt, unser tragbares Vaterland — das Wort, die Schrift!«

In einem solcherart säkularisierten Verständnis einer Religion, die sich von Gott kein Bild macht, steckte das Geheimnis der Lebenshilfe, die sich Marcel Reich-Ranicki schuf. Zum literarischen Showmaster der Nation geworden, ließ er unter der verletzenden Kruste, die seine Verletzungen schützt, auch den Menschen, den Freund entdecken. Von seinem einstigen Oberleutnant Lec aber stammte das Rezept, das nicht historisch, doch menschlich hilfreich ist und nicht so paradox, wie es klingt: »Wer ein gutes Gedächtnis hat, kann gewisse Dinge leichter vergessen.«

Quellenhinweis: Aufzeichnungen des Verf. aus Jahrzehnten über Gespräche mit M.R. (Vgl. »Europäische Rundschau«, Wien Nr. 4/1994). Eine Fernsehsendung der ARD eröffnete am 19. Mai 1994 eine Debatte über die Vergangenheit Reich-Ranickis. Vgl. u. a. FAZ 17. 6. und 15. 7.; Die ZEIT v. 10. 6., 24. 6., 15. 7., 12. 8.

23. Drahtzieher mit Kisten und Kindern

Eines seiner beiden Augen war stets halb geschlossen. Und so schien es ironisch zu zwinkern, wenn François Genoud zu sagen pflegte: als guter Schweizer und »alter Nationalsozialist« habe er nichts mit »lächerlichen Neo-Nazis« zu tun. Nein, weder Scham noch Selbstzweifel kannte dieser zwielichtige gutbürgerliche Finanzfachmann in Lausanne, der als offener Hitler-Verehrer und Nachlaß-Verwalter brauner Prominenz bekannt geworden und als »schwarzer Bankier« des internationalen Terrorismus, auch des links-radikalen, jahrzehntelang verschrieen, doch niemals verurteilt worden war. Seit er, der 17jährige Sohn eines Tapetenhändlers, 1932 in einem Bad Godesberger Hotel zufällig Adolf Hitler begegnet war, ja dem kommenden Diktator hatte die Hand reichen dürfen, war er dessen »österreichischem Charm« und Wahn von »deutscher Ordnung für Europa« verfallen und sog daraus Antriebskraft für ein langes abenteuerliches Leben.

So jedenfalls wollte sich Genoud fast unverblümt noch selbst darstellen, als er mit zwei Autoren sprach, die gleichzeitig Hintergründen seines Lebens auf die Spur kamen. Freilich, kurz nachdem ihre Bücher Anfang 1996 erschienen waren, machte der 81jährige Genoud, der lange schon Mitglied der Schweizerischen »Exit-Sterbehilfe« war, mit einem wohlschmeckend-giftigen Cocktail seinem Leben ein Ende. Eines der Geheimnisse, die er mit ins Grab nehmen wollte und die auch seine Biographen nur wenig enthüllen konnten, war seine Beziehung zur Figur und Familie von Martin Bormann, des zuletzt mächtigsten Mannes hinter Hitler.

Hat Bormann, der Chef der Parteikanzlei und persönliche Sekretär des Diktators, wirklich am 2. Mai 1945, also drei Tage nach Hitler und kurz nach einem vergeblichen Anbiederungsversuch beim siegreichen Stalin, im zertrümmerten Berlin Selbstmord verübt? Seit einem Skelettfund 1972 gilt dies als gewiß. Und doch gab es immer wieder Zweifel, genährt von mysteriösen Berichten, die seit den fünfziger Jahren von einer Flucht Bormanns — »mit vatikanischer Hilfe« — nach Argentinien, Chile oder Paraguay wissen wollten, bis schließlich Ende 1994 ein Ex-Agent des sowjetischen KGB namens Tartarowski in einer Moskauer Zeitung behauptete, Bormann sei sein Mitarbeiter gewesen, nach Rußland entkommen und hier gestorben. Eben dies bezeugte auch Reinhard Gehlen, der erste Chef der Bundesnachrichtendienste (BND) Anfang der siebziger Jahre in seinen Memoiren und dann sogar vor Gericht, gestützt auf nicht genannte »zwei zuverlässige Quellen«. Daß es da in Moskau etwas zu verbergen gibt, blieb sogar nach dem Ende der Sowjetunion spürbar. Der Historiker Kirill Chernenkov vom »Russischen Staatsarchiv« antwortete noch am 18. Februar 1997 sybillinisch auf eine entsprechende Anfrage: »Ich zweifle sehr, daß Dokumente über Bormann, wenn es sie gibt, zugänglich sind ...«

Andere, zunächst verschwundene politische und private Papiere des Hitler-Sekretärs waren jedoch schon ein halbes Jahrhundert vorher in die Hand jenes merkwürdigen »Extremisten« François Genoud geraten. Dieser hatte sogar verstanden, sich die Publikationsrechte zu sichern — durch einen katholischen Priester, der in Ostberlin lebte, wo auch Bormanns letzte Geliebte, eine Schauspielerin, jahrzehntelang weiter Theater spielte, ohne jemals verhört oder gar belästigt zu werden.

Wie aber kam es zu derlei Rücksicht oder Vorsicht? Etwa als späte Folge eines tatsächlichen oder zynischen Sinneswandels des sowohl antikommunistischen wie antikirchlichen Fanatikers Bormann? Immerhin hatte der Reichsminister Josef Goebbels noch kurz vor dem Ende, am 28. März 1945, seinem Tagebuch anvertraut: »Bormann hat in der Frage der Radikalisierung unseres Krieges nicht das gehalten, was ich mir eigentlich von ihm versprochen hätte.«

Etwas Licht in das historische Halbdunkel bringen neuere Nachforschungen und Aussagen von Zeitzeugen im Umfeld von François Genoud. Als wendiger Doppelagent, der an seinem Lebensende sogar den Moskauer Reformer Gorbatschow als

»Verräter« bezeichnete, hatte er sich ein vielmaschiges Beziehungsnetz geflochten. Es hatte auch den Zweiten Weltkrieg überlebt, vor allem dank eines ebenso tüchtigen wie wichtigen Genoud-Freundes namens *Paul Dickopf.* Er war SS- und Polizeioffizier und saß im Stuttgarter Büro des deutschen Geheimdienstes; im Juli 1943 schien er plötzlich — mit vollen Taschen — in die Schweiz zu desertieren, verschaffte sich damit den Ruf eines Widerständlers und sicherte sich so eine schöne Nachkriegskarriere (die 1965 mit seiner Ernennung zum Präsidenten des Bundeskriminalamtes den Gipfel erreichte ...). In Wirklichkeit aber hat sich Dickopf nach seiner »Flucht« zu Genoud in die Schweiz nicht nur seinem Gastland und dem amerikanischen Geheimdienst-Residenten Dulles in Bern angedient, sondern lieferte vor allem Informationen nach München für Martin Bormanns Parteikanzlei. Hier saß seit sieben Jahren schon Dickopfs schwäbischer Kollege aus Stuttgarter Zeiten, der Ministerialrat *Ludwig Wemmer,* zuständig für den »weltanschaulichen Kampf« gegen die christlichen Kirchen.

»Ich traute meinen Ohren nicht«, erinnerte sich Wemmer (in einem Gespräch 1988), als mir Bormann eröffnete, daß er mich über das Auswärtige Amt als Botschafter zum Vatikan schicken wolle.« Das klappte zwar nicht, denn der altgediente Ernst von Weizsäcker erhielt den Posten, aber als zweiter Mann im Rang eines Gesandten wurde ihm — zu seinem Entsetzen — der 34jährige Wemmer, Bormanns Kirchenreferent, aufgedrängt. So kam im Juli 1943, fast am gleichen Tag, an dem der Bormann-Agent Dickopf zu Genoud in die Schweiz geschleust wurde, sein Kollege Wemmer nach Rom. Als Aufpasser und Scharfmacher? Nichts dergleichen war zu bemerken; nach einer Audienz bei Pius XII. notierte Weizsäcker erstaunt, der Papst habe sogar »Herrn Wemmer in zwei Minuten bezaubert ...«

Dazu bedurfte es freilich schon keiner besonderen Anstrengung. Denn so wie Wemmer 1941 für Bormanns Vorgänger, Rudolf Hess, den »Stellvertreter des Führers«, zur Luftwaffe gegangen war, um Flug- und Fluchtmöglichkeiten nach England zu erkunden (»denn Hess wollte dadurch Hitlers Angriff auf die Sowjetunion verhindern«, meinte Wemmer), so versuchte er 1943/44 in Rom seine und seines Chefs antiklerikale Sünden vergessen zu machen. Und dies gelang offenkundig so gut, daß Wemmer nach der Besetzung Roms durch die westlichen Sieger zwar festgenommen, aber in Begleitung eines freundlichen Prälaten nach Sizilien reisen und von dort sofort nach Kriegsende unbehelligt in einem amerikanischen Flugzeug über Lyon-Paris-Augsburg in seine schwäbische Heimat zurückkehren konnte. Schon Mitte 1945 tauchte er wieder in Rom auf, nur um — wie er sagte — sein Konto bei der Vatikan-Bank zu leeren ...

Nicht so einfach hatte es Bormanns »Privatsekretär« *Helmut von Hummel,* als er — im Vertrauen auch auf gute Fernverbindung mit Genoud — nicht nur riesige Kisten voll von privaten und politischen Papieren, Goldmünzen und Gemälden, sondern auch Bormanns 35jährige Frau Gerda mit acht ihrer neun (!) Kinder in Sicherheit bringen sollte. Vom Obersalzberg, wo Bormann wie Hitler sein prächtiges Berghaus hatte, war die Bus- und Lastwagenkarawane Ende April 1945 in Richtung Süden aufgebrochen. Der Tiroler NS-Gauleiter *Franz Hofer,* der in fanatischen Tönen eine fiktive »Alpenfestung« als letzte Bastion erfand, in Wirklichkeit aber schon mit amerikanischen Agenten in der Schweiz kungelte, nahm die Familie Bormann kurz in Innsbruck auf und bot ihr dann — als Familie »Bergmann« — Unterschlupf in Südtirol, zuerst in Bozen, dann in einem Bauernhaus bei Wolkenstein im Grödnertal (Selva/Val Gardena).

Unterwegs hatte der emsige Herr von Hummel (der selbst später in einem Kloster bei Salzburg untertauchte) den Familientransport vom Ballast einiger großen Kisten »befreien« lassen. Dazu hatte nicht nur Gauleiter Hofer augenzwinkernd geraten, es ergab sich auch dadurch, daß ein alter Kontaktmann Hummels im richtigen Augenblick erschien: François Genoud. Er saß in einem eleganten Wagen mit französischem Kennzeichen, von dem niemand genau wissen konnte, ob es schon vom befreiten De Gaulle-Frankreich oder noch vom kollaborierenden Vichy-Regime stammte. Und ebenso wenig war in der Wirrnis des Kriegsendes, zumal in diesem vom Faschismus befreiten, nun wieder italienisch regierten Südtirol, stets genau festzustellen, wer in wessen Auftrag tätig wurde. Auch Amtspersonen waren nicht immer von Wegelagerern zu unterscheiden ...

So konnte Genoud an seinem Lebensende gegenüber seinen Biographen behaupten, er habe die Privatkorrespondenz Martin Bormanns dem Italiener *Edilio Rusconi* abgehandelt, der sie 1945 in Bozen »gefunden« habe. Jener 29jährige, später als Mailänder Verleger bekannt gewordene Rusconi, war damals im Amt für Rückführung von Kunstschätzen tätig, das ein Minister namens Rodolfo Siviero leitete. Und dieser galt als eine der schillerndsten Figuren im Nachkriegsitalien. Aus seinem Privatbesitz (!) wurden 1984, ein Jahr nach seinem Tod, im Palazzo Vecchio in Florenz 20 Aquarelle des jungen Adolf Hitler ausgestellt, die Siviero »von der Gattin Martin Bormanns bekommen« habe — so glaubte damals ein florentinischer Kultur-Assessor. Mit eben diesem Siviero habe er auch über die nach Südtirol transportierten Bormann-Archivalien »verhandelt«, gab Genoud zu ...

»Dieser Kerl hat die Kisten geklaut!« So drastisch formulierte seine Überzeugung noch Jahrzehnte später ein Mann, der als — katholischer Seelsorger zum Betreuer der Familie des Kirchenfeindes Bormann geworden war: *Theodor Schmitz.* Der 29jährige Rheinländer, der in Rom Theologie studiert hatte, war als Sanitätssoldat nach der Kapitulation der deutschen Italien-Armee Ende April 1945 in einem amerikanisch, dann britisch kontrollierten Kriegslazarett im Südtiroler Meran gelandet. Erst im Herbst erfuhr er, daß in einem Krankenzimmer, an dessen Tür »Eintritt verboten« stand, die krebskranke Gerda Bormann lag. Schmitz glückte es, sich Zugang zu verschaffen, auch menschlichen und pastoralen, obschon die Dame nie katholisch gewesen und aus der evangelischen Kirche längst ausgetreten war.

»Sie sah fast mädchenhaft aus mit ihren lang herabhängenden Zöpfen, eine gute, äußerst sympathische Frau, die kein böses Wort über ihren Mann sagte«, so erinnert sich Schmitz, der nun von ihr erfuhr, daß bei mehreren Südtiroler Bauernfamilien ihre acht Kinder untergebracht waren. Bald betreute Schmitz alle, fuhr stolz in seinem — von den Amerikanern gestifteten — Mercedes zu abgelegenen Höfen, verteilte Pflegegeld vom Fürstbischof in Brixen und »schmuggelte« zuweilen auch ein Kind ins Lazarett zur Mama. Kurz vor ihrem Tod im März 1946 schrieb sie sich ein Gedicht auf, das einst Nietzsche »dem unbekannten Gott« gewidmet hatte, und bestimmte den Gottesdiener Schmitz zum — dann auch gerichtlich bestätigten — Vormund aller ihrer Kinder.

»Ich dachte, mich haut's vom Sessel«, so erinnert sich Schmitz später an den Augenblick, als ihm dies mitgeteilt wurde. »Ich war ja an die Bormann-Kinder gekommen wie die Jungfrau zum Kind.« So keusch waren die Verhältnisse freilich nicht, die bald zum Vorschein kamen, als der priesterliche Nachlaß-Bevollmächtigte vor dem Problem stand, Enthüllungen aus den verschwundenen Geheimpapieren des Hitler-Sekretärs abzusegnen. Denn 1948 — Schmitz war gerade Domvikar in Berlin geworden — meldete sich plötzlich während seines Urlaubs in Südtirol ein Herr Genoud bei ihm und wollte über Publikationsrechte aus dem Bormann-Archiv verhandeln. Er habe sich, so behauptete der Schweizer, »aus italienischer Quelle« alle verschwundenen Papiere beschafft, von Hitlers Tischgesprächen bis zum privaten Briefwechsel 1943 — 1945 zwischen Gerda und Martin Bormann.

Historiker wunderten sich später, daß diese Korrespondenz 1954 nur auf englisch und nicht im deutschen Original gedruckt wurde. Warum? Schmitz erlaubte es nicht aus moralischen Gründen: Er wollte die Bormann-Kinder schonen; sie würden, sagte er, noch früh genug als Erwachsene »diese gräßlichen Briefe« lesen. Da wurde nämlich allen Ernstes, ja verziert mit Warnungen vor »christlichem Gift«, die legalisierte Ehe zu dritt als ein Mittel angepriesen, um künftig die Geburtenrate trotz kriegsbedingtem Männerschwund zu erhöhen: »Bei M. kannst du ja helfen. Du mußt nun aber schauen, daß ein Jahr M. ein Kind hat und das andere Jahr ich, damit du immer eine bewegliche Frau hast«, schrieb Anfang 1944 Gerda an Martin Bormann. Gemeint war dessen Freundin, die Schauspielerin *Manja Behrens.* Als kokette »Susanne im Bade« hatte die 22jährige Tochter einer Pragerin und eines Dresdner Rechtsanwalts 1936 eine UFA-Filmkarriere begonnen. Bald gehörte sie zu dem Damenflor, mit dem sich die braunen Bonzen auf dem Obersalzberg umgaben. Und noch ein halbes Jahrhundert danach erinnerte sie sich, wie ihr dieser Hitler, »der doch ein böser Mensch war, so liebenswürdig die Hand küßte«. Bormann trug keine Uniform, sondern einen eleganten Frack, als sie ihm zum ersten Mal begegnete. Nein, Politik interessierte sie nie. Als sie sich mit der Frau Bormanns anfreundete und zugleich von ihm verführen ließ, fühlte sie sich jedoch auch von einem ganz anderen Bedürfnis getrieben — einem religiösen ...

Denn seit sie am Krankenbett ihrer katholischen Mutter ein »Wunder« zu erleben glaubte, erhoffte sie sich noch andere. Ein Freund der Familie, der Dresdner Jesuitenpater Sladiczek (der über hundert Jahre alt wurde), riet ihr zwar, evangelisch zu bleiben, aber das Bild des »Prager Jesuskindes« trug Mariechen — tschechisch: Máña — ihr Leben lang um den Hals. Und geradezu beglückt vernahm sie später, daß Bormann 1944/45 seine »Radikalität« gemildert habe und durch seinen Abgesandten Wemmer sogar um gutes Wetter im Vatikan bemüht gewesen sei. »Ich habe ja mit Martin so lange Gespräche über Gott geführt«, erinnerte sie sich.

Natürlich hatte Manja Behrens keine Ahnung, daß einer ihrer Verwandten, der geheimdienstlich tätig war und von Bormann scheinbar verachtet wurde, wahrscheinlich zum sowjetischen Agenten-Netz der »Roten Kapelle« gehörte. Sie selbst jedenfalls wollte und konnte dann trotz ihrer Obersalzberger Vergangenheit nach 1945 in der sowjetischen Zone und der DDR bleiben. Bald heiratete sie den Bühnenbildner Karl von Appen (1900 – 1981), der als alter Kommunist sechs Jahre in Konzentrationslagern überlebt hatte. »Karlchen, betest Du denn nie!?« pflegte sie ihn zu ermahnen und spielte jahrzehntelang große Frauenrollen an der Volksbühne und im Maxim-Gorki-Theater in Ostberlin.

In eben jener »Hauptstadt der DDR« machte auch der gerichtlich bestellte »Abwesenheitspfleger« und Vormund der Bormann-Kinder, Theodor Schmitz, eine kirchliche Karriere: Eine Woche nach dem Bau der Mauer wurde er 1961 bischöflicher Ordinariatsrat in Ostberlin und war später neun Jahre lang, bis zum Tod des Berliner Kardinals Alfred Bengsch 1979, dessen Generalvikar für den Osten. Seine drei Jahrzehnte vorher angeknüpften Kontakte mit François Genoud schliefen schon deshalb nicht ein, weil der Schweizer als Honorar für Urheberrechte an den Bormann-Briefen zum Unterhalt der Waisenkinder beizutragen hatte. Einmal — etwa 1949 — kam er sogar selbst zur Taufe eines der Geschwister nach Lübeck und brachte (aus Bormanns »Kisten«?) Familienfotos, Schmuckstücke und »ein paar hundert Mark« mit — damals eine schöne Summe. »Was ich gebarmt habe um etwas Geld für die Kinder !« erinnert sich Schmitz. Er verabredete sich deshalb mit Genoud auch 1953, als er auf einer Rom-Reise mit dem Berliner Bischof Weskamm am Gardasee Zwischenstation machte. Und »geradezu als Wunder« empfand Schmitz die Geste einer »weißhaarigen jüdischen Dame«, die ihm nach ihrem gewonnenen Entschädigungsprozeß um das gestohlene Grundstück der Bormann-Villa im Berliner Grunewald tausend Mark für seine Pfleglinge übergab ...

Nur um den 1930 geborenen ältesten Sohn des Hitler-Sekretärs brauchte sich Schmitz kaum zu kümmern. Dieser Martin jun. (den Zunamen Adolf gab er auf) wurde katholischer Priester, ließ sich nach dramatischen Jahren als Missionar in Afrika und einem schweren Unfall laisieren, heiratete 1971 seine Krankenschwester und arbeitete bis zu seiner Pensionierung als Religionslehrer. Ein »Leben gegen Schatten« — so der Titel seiner nachdenklichen Memoiren. »Du kannst Dir ja denken, daß ich glücklich wäre, Dich einmal als Bruder im Priesteramt im Dienst des Altares zu sehen«, hatte 1948 Theodor Schmitz an den 18jährigen Martin geschrieben. »Aber da gilt es gewiß noch viel zu prüfen und reiflich zu überlegen ...«

Schmitz selbst blieb sicher, dies stets getan zu haben. Energisch und temperamentvoll konnte sich der Berliner Prälat dank seiner kirchlichen Würden und Funktionen immer wieder zwischen Ost und West bewegen. Obwohl sein Name in der »Westpresse« im Zusammenhang mit dem Bormann-Nachlaß oft erwähnt worden sei, habe die katholische Kirchenleitung »alles unternommen, um zu verschweigen«, daß Schmitz in der DDR wohne — so wunderte sich die Staatssicherheits-Abteilung XX/4. Warum aber hatten die Stasi-Schnüffler selbst dies sehr lange ignorieren können — dürfen oder müssen? 1968 erst brachen sie in die Schmitz-Wohnung ein, durchwühlten den Schreibtisch und beschafften sich Papiere, die ihnen geeignet schienen, um den Priester zu erpressen.

Plötzlich »entdecken« die Genossen durch Theodor Schmitz, der nur bei »Nachforschungen in politischen Fragen« auskunftsbereit ist, welche Rolle Genoud seit 1945 in Sachen Bormann gespielt hat. Dabei nennt »IM Theo« fast nur solche Fakten, die längst in Zeitungen oder Büchern, etwa des (der Stasi offenbar unbekannten) britischen Historikers Trevor-Roper nachzulesen waren.

Viermal kommt es zwischen Herbst 1968 und Sommer 1969 zu solchen »Treff«-Gesprächen. Dabei verspricht Schmitz, der wieder einmal mit seinem Kardinal ins geliebte Rom reisen möchte, sich bei dieser Gelegenheit mit Genoud telefonisch zu verabreden, was er natürlich mißlingen läßt. Dann aber erlischt offenkundig das Stasi-Interesse an Genoud so schnell, wie es aufgeflammt war. Warum? Dauerte es nur so lange, wie Genoud 1968/69 mit seinen Polit- und Finanz-Freunden in der von Moskau geförderten ultralinken wie ultrarechten arabischen Szenerie, besonders in Algerien, in einen kurzen Konflikt geraten war? Oder hatte man in Moskau Grund, beim Thema »Bormann« überhaupt abzuwinken?

Für Bormann-Freundin Manja Behrens gab es solche Rätselfragen nicht. Sie spielte nach wie vor der »Wende« weiter im östlichen Berlin. Und im November 1990 überglücklich zum ersten Mal im Wiener Burgtheater. Da durfte sie in Peter Turrinis Skandalstück »Tod und Teufel« buchstäblich in »ihrer« Rolle als uralter Filmstar auftreten, von den »strahlenden Helden« des Hitler-Reiches träumen und am Ende singen: »Die schöne Welt der Männer ist versunken.«

Quellenhinweis: Aufzeichnungen des Verf. über Gespräche mit L. Wemmer (10. 3. 1988), M. Behrens (6. 11. 1991), Th. Schmitz (26. 1. 1994); Akte MfS AIM 2717/75 (GSTU); K. Laske, »Ein Leben zwischen Hitler u. Carlos: François Genoud«, Zürich, 1996; O. Pèan,

»L'Extremiste F. Genoud«, Paris, 1996; J. von Lang, »Der Sekretär M. Bormann«, Stuttgart, 1977; M. Bormann jun., »Ein Leben gegen Schatten«, Paderborn, 1996; »The Bormann Letters« (ed. by H.R. Trevor Roper), London, 1954.

Vor- und Nachschau

Noch manche andere geheimnisvoll-graue, mehr oder weniger schlaue Eminenzen haben in diesem Jahrhundert Spuren hinterlassen, auf die ich stieß. Einige konnten noch nicht bis zum Ende erkundet werden — aus verschiedenen Gründen, auch aus Rücksicht auf noch lebende Akteure und Zeitzeugen.

So wäre zum Beispiel zu klären, warum ein einst angesehener böhmisch-österreichischer Kirchenhistoriker wie Eduard Winter (1896 – 1982) nach seinem Abschied vom Priesteramt und Zölibat nicht nur den Sprung in den geheimen Dienst des kirchenfeindlichen NS-Regimes schaffte, sondern — fast übergangslos — auf prominente Lehrstühle in der DDR und in verschlossene Moskauer Archive. Auch andere Rätsel müssen noch entschlüsselt werden: Wer war wirklich jener W. von St., der mit den Papieren eines Spätheimkehrers aus Sibirien nach Deutschland kam, dann als Russischdolmetscher im Vatikan eine Arbeit und eine evangelische Frau fand? Wohin entkam er, als er Anfang Januar 1970 in Rom ein Flugzeug nach Bukarest bestieg? Und warum wurde die Mutter seines Kindes, die nie wieder von ihm hörte, von einem Kardinal vor Nachforschungen gewarnt ...? Und wer war wirklich jener geschwätzig-launige Benediktinerpater Eugen, der Mitte der achtziger Jahre in Rom plötzlich starb, nachdem er einen seiner ehemaligen Trierer Schüler auf Stasi-Abwege gelockt hatte? Und wie konnten Amerikaner *und* Sowjets noch in den achtziger Jahren auf hunderte von »Geheimdokumenten« eines italienischen Fälschers hereinfallen, der längst entlarvt war?

Schließlich hebt sich allmählich der Nebel, der auch manche namhafte Figur der Zeitgeschichte umgibt. So etwa Otto Gustav von Wächter, Hitlers Vollstrecker — und Kritiker im besetzten Galizien, der in den Armen eines (braunen) Bischofs in Rom starb. Oder NS-Gauleiter Erich Koch, der 1959 von einem Warschauer

Gericht zum Tode verurteilt wurde, aber noch 27 Jahre in komfortabler Haft lebte. Warum durften im Prozeß seine Verbrechen als Reichskommissar in der Ukraine auf sowjetische Anordnung nicht zur Sprache gebracht werden? Und warum verlangte Moskau niemals seine Auslieferung?

Für diese und andere Fragen sind noch Antworten zu erwarten, auch nach der Jahrtausendwende. Denn es gibt kein Ende der Geschichte — und ihrer Geschichten . . .

H. St.

20 Tage im 20. Jahrhundert

Herausgegeben von
Norbert Frei, Klaus-Dietmar Henke und Hans Woller

Diese Buchreihe ist die Grundlage der gleichnamigen Fernsehdokumentation der ARD.

Volker R. Berghahn
Sarajewo, 28. Juni 1914
Der Untergang des alten Europa
dtv 30601

Dietrich Beyrau
Petersburg, 25. Oktober 1917
Die russische Revolution und der Aufstieg des Kommunismus
dtv 30602
(i.Vb.)

Hans Woller
Rom, 28. Oktober 1922
Die faschistische Herausforderung
dtv 30603

Jürgen Osterhammel
Shanghai, 30. Mai 1925
Die chinesische Revolution
dtv 30604

Hans Mommsen
Auschwitz, 17. Juli 1942
Genozid und Ausrottungspolitik
dtv 30605 (i. Vb.)

Jost Dülffer
Jalta, 4. Februar 1945
Der Zweite Weltkrieg und die Entstehung der bipolaren Welt
dtv 30606

Detlef Bald
Hiroshima, 6. August 1945
Die nukleare Bedrohung
dtv 30607

Dietmar Rothermund
Delhi, 15. August 1947
Das Ende der kolonialen Herrschaft
dtv 30608

Franz Knipping
Rom, 25. März 1957
Die Einigung Europas
dtv 30609

Robert D. Johnson
Washington, 20. Januar 1961
Der amerikanische Traum
dtv 30610

Helmut Mejcher
Sinai, 5. Juni 1967
Krisenherd Naher und Mittlerer Osten
dtv 30611

Biographien bei dtv

Christian Graf v. Krockow
Die preußischen Brüder
Prinz Heinrich und Friedrich der Große
Ein Doppelportrait
dtv 30659

Maurice Lever
Marquis de Sade
Die Biographie
dtv 30645

Frederic Morton
Die Rothschilds
Ein Portrait der Dynastie
dtv 30646

Françoise Giroud
Das Leben der Jenny Marx
Biographie
dtv 30632

Françoise Giroud
Cosima Wagner
Mit Macht und mit Liebe
Eine Biographie
dtv premium 24133

Barbara Belford
Viktorianische Liebesspiele
Die Geschichte der Violet Hunt und ihrer Liebhaber und Freunde
dtv 30661

Donald A. Prater
Thomas Mann
Deutscher und Weltbürger
dtv 30660

Andrew Roberts
Churchill und seine Zeit
dtv premium 24132

Areti Georgiadou
Annemarie Schwarzenbach – »Das Leben zerfetzt sich mir in tausend Stücke«
Biographie · dtv 30662

Patricia Clough
Helmut Kohl
Ein Porträt der Macht
dtv premium 24122

Deutsche Geschichte nach 1945 bei dtv

Peter Bender
Episode oder Epoche?
Zur Geschichte des geteilten Deutschland
dtv 4686

Peter Bender, erfahrener und scharfsichtiger Beobachter der deutsch-deutschen Verhältnisse, betrachtet die beiden deutschen Staaten in den 40 Jahren, in denen sie nebeneinander bestanden haben.

Wolfgang Benz
Die Gründung der Bundesrepublik
Von der Bizone zum souveränen Staat
(Deutsche Geschichte der neuesten Zeit)
dtv 4523 · Aktualisierte Neuausgabe

Die Vor- und Frühgeschichte der Bundesrepublik Deutschland von den Anfängen in der amerikanisch-britischen Bizone im Jahr 1946 über die Verkündung des Grundgesetzes im Mai 1949 bis zur weitgehenden Erlangung der staatlichen Souveränität im Jahr 1955.

Deutsche Geschichte seit 1945
Chronik und Bilder
Von Wolfgang Benz
dtv 30705

Eine umfassende, informative und reich illustrierte Dokumentation zum Nachlesen und Nachschlagen.

Norbert Frei
Vergangenheitspolitik
Die Anfänge der Bundesrepublik und die NS-Vergangenheit
dtv 30720

»Norbert Frei hat einen originellen, unser historisches Wissen erweiternden und vertiefenden Forschungsbeitrag geleistet, an dem man nicht wird vorbeigehen können.« (Die Zeit)

dtv portrait

Herausgegeben von Martin Sulzer-Reichel
Originalausgaben

Biographien bedeutender Frauen und Männer aus Geschichte, Literatur, Philosophie, Kunst und Musik

Hildegard von Bingen
Von Michaela Diers
dtv 31008

Otto von Bismarck
Von Theo Schwarzmüller
dtv 31000

Die Geschwister Brontë
Von Sally Schreiber
dtv 31012

Georg Büchner
Von Jürgen Seidel
dtv 31001

Annette von Droste-Hülshoff
Von Winfried Freund
dtv 31002

Elisabeth von Österreich
Von Martha Schad
dtv 31006

Theodor Fontane
Von Cord Beintmann
dtv 31003

Johann Wolfgang von Goethe
Von Anja Höfer
dtv 31015

Erich Kästner
Von Isa Schikorsky
dtv 31011

Heinrich von Kleist
Von Peter Staengle
dtv 31009

Gotthold Ephraim Lessing
Von Gisbert Ter-Nedden
dtv 31004

Stéphane Mallarmé
Von Hans Therre
dtv 31007

Edgar Allan Poe
Von Frank T. Zumbach
dtv 31017

Rainer Maria Rilke
Von Stefan Schank
dtv 31005

John Steinbeck
Von Annette Pehnt
dtv 31010

August Strindberg
Von Rüdiger Bernhardt
dtv 31013

Umberto Eco im dtv

»Daß Umberto Eco ein Phänomen ersten Ranges ist, braucht man nicht mehr eigens zu betonen.«
Willi Winkler

Lector in fabula
Die Mitarbeit der Interpretation in erzählenden Texten
dtv 4531

Die Grenzen der Interpretation
dtv 4644

Zwischen Autor und Text
Interpretation und Überinterpretation
dtv 4682

Der Name der Rose
Roman
dtv 10551

Nachschrift zum ›Namen der Rose‹
dtv 10552

Über Gott und die Welt
Essays und Glossen
dtv 10825

Über Spiegel und andere Phänomene
dtv 11319

Das Foucaultsche Pendel
Roman
dtv 11581

Platon im Striptease-Lokal
Parodien und Travestien
dtv 11759

Wie man mit einem Lachs verreist und andere nützliche Ratschläge
dtv 12039

Im Wald der Fiktionen
Sechs Streifzüge durch die Literatur
dtv 12287

Die Insel des vorigen Tages
Roman
dtv 12335

Kunst und Schönheit im Mittelalter
dtv 30128

Die Suche nach der vollkommenen Sprache
dtv 30629

Christoph Helferich

Geschichte der Philosophie

Von den Anfängen bis zur Gegenwart
und Östliches Denken
Mit einem Beitrag von Peter Christian Lang
dtv 30706

Diese umfassende, anschauliche und für Laien verständlich geschriebene Philosophiegeschichte mit ihren zahlreichen Illustrationen und ausführlichen Textbeispielen führt bis in die jüngste Zeit. Sie bietet allen an Philosophie Interessierten gründliche Information über die großen Denker und Denkerinnen, über die wichtigsten philosophischen Fragen und Theorien sowie über die dadurch ausgelösten Debatten und Kontroversen. Die faszinierende Welt der Philosophie – des Westens und des Ostens – in einem Band!

»Wer heute auf eine vergleichsweise kurzgefaßte Geschichte der Philosophie im Weltmaßstab nicht von vornherein verzichten will, könnte zwar jederzeit eine andere Philosophiegeschichte schreiben, schwerlich aber eine ›bessere‹.«
Allgemeine Zeitschrift für Philosophie

»Helferich hat jene vom philosophischen Laien so gefürchtete esoterische Sprache, die die Philosophie immer wieder in Mißkredit gebracht hat, durchgängig vermieden. Alle speziellen Fachbegriffe werden entwickelt und erklärt. Sein Buch ist deshalb als Einführung in die Philosophie und damit zugleich in die geschichtlich entwickelten Formen unseres Fragens und Denkens geeignet.«
Frankfurter Allgemeine Zeitung

Der Kleine Pauly
Lexikon der Antike

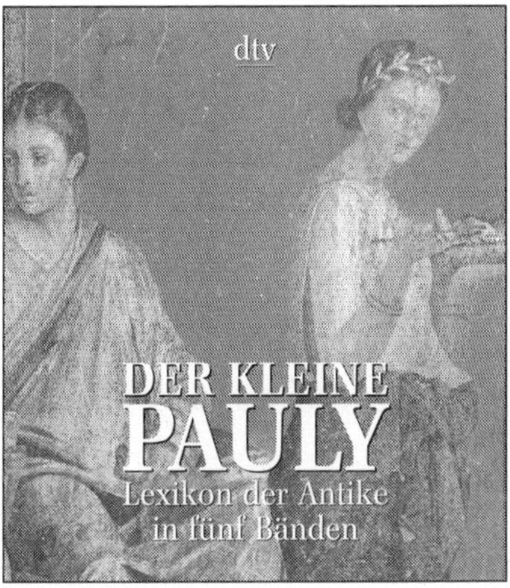

Das klassische Nachschlagewerk in fünf Bänden

dtv 5963

Dieses vielseitige Lexikon reicht von der Vor- und Frühgeschichte bis zum Weiterleben der Antike, von Mythen und Sagen bis zu den Kirchenvätern. Artikel zur Rechtswissenschaft, zur Tier- und Pflanzenkunde, zur vergleichenden Sprachforschung, zur Musik und zur Mathematik runden das Standardwerk ab.

Auf der Grundlage von ›Pauly's Realencyclopädie der classischen Altertumswissenschaft‹ bearbeitet und herausgegeben von Konrat Ziegler, Walther Sontheimer und Hans Gärtner.

5 Bände mit Abbildungen und Karten, 12700 Stichwörtern und zahlreichen Literaturangaben.

»Niemals wird der Benutzer mit trockenen Zusammenstellungen oder Literaturhinweisen abgespeist: jeder Beitrag ist ein lebendig geschriebener Forschungsbericht.«
Die Welt